LE FESTIN
E
RRE
THE'E.
ROYE,
MEDIE.
E MOLIERE.

é à Paris.

79.

c'est la meme Piece que celle de 4.5689. et du meme auteur (Dorimon) comme l'assure M. Beuchot qui s'en est assuré d'après l'Exempl. de M. de Soleinne. pour s'en convaincre encore voyez les tom 8 pag. 258 et suiv. et tom. 9. pag. 2. de l'Hist. du theatre francais, qui donne la notice

Des Pieces du festin de Pierre par de
Villiers et par Dorimon

LE FESTIN DE PIERRE OV L'ATHE'E FOVDROYE,

TRAGI-COMEDIE.

PAR I. B. P. DE MOLIERE.

Sur l'Imprimé à Paris.

1679.

E

ACTEVRS.

DOM PIERRE, Gouverneur de Seeville ; Pere d'Amarille.

DOM ALVAROS, Pere de Dom Ioüan.

DOM IOVAN,

DOM PHILIPPE, Amant d'Amarille.

AMARILLE, Fille de Dom Pierre, & Amante de Dom Philippe.

LVCIE, Cousine d'Amarie.

VN PELERIN.

VN PREVOST, & deux Archers.

BRIGVELLE, Valet de Dom Ioüan.

L'OMBRE DE DOM PIERRE,
BERGERS.

BON-TEMPS, Pere de la mariée,

BLAISE, Espoux.

PACQVETTE, Mariée,

AMARANTE, Bergere.

MARILINDE, Bergere.

LE FESTIN DE PIERRE OV L'ATHE'E FOVDROYE, TRAGI-COMEDIE.

ACTE I.

SCENE PREMIERE.

AMARILLE, DOM PHILIPPE.

AMARILLE.

C'EST aujourd'huy qu'il faut que mon amour s'exprime,
Et que vous appreniez iusqu'où va mon estime,
Que vous seul avez droict de captiver mon cœur,
Que Dom Philippe en est le genereux vainqueur,
Et que iusqu'au Tombeau les ardeurs de sa flâme
Pourront avec iustice obtenir sur mon ame,
Les droicts que l'on obtient d'un objet vertueux;
Et qu'en peut exiger l'Amant respectueux.
Enfin, asseurez-vous d'un cœur qui vous honore.

DOM PHILIPPE.

Miracle des beautez vous que mon cœur adore,
Qui captivez les cœurs, & les plus beaux esprits
Et qui pour tant d'Amans n'avez que des mépris:
Puis qu'à me rẽdre heureux, vostre grãd cœur s'égage

Ie n'apprehende point qu'un autre le partage,
Ie gouste des douceurs que ie tiens de l'espoir,
Il prend dessus mon ame un absolu pouvoir:
Vn esprit raisonnable est plein de confiance,
Et le doute jamais n'y reçoit de naissance.
Comme il est tout fidele il aime uniquement,
Et veut croire qu'on l'aime aussi parfaitement,
Mais ie ne puis souffrir que Dom Ioüan, vous aime,
Luy qui fait voir par tout une insolence extréme,
Qui tient à vanité de paroistre inconstant,
Qui ne voit point d'objet qu'il n'ait ce qu'il pretend,
Qui peut estre desia dans quelque compagnie
Fait entendre qu'amour avecque vous le lie,
Qu'il est le seul objet que vous considerez,
Et qu'entre cent Amans enfin vous l'adorez.
Que vous n'avez de bien qu'alors qu'il vous visite,
Et que cette faveur est deüe à son merite.
Ie sçay qu'en vostre cœur il n'eut iamais d'accez,
Et qu'il ne peut avoir qu'un mal-heureux succez:
Mais il faut qu'aujourd'huy ie luy fasse comprendre
Que vous ne voulez plus ny le voir ny l'entendre,
Et de plus qu'il me choque aymant en même lieu,
Qu'il cesse, où que ce fer luy fera son adieu.

AMARILLE.

Il sçait ce que ie hay, & que c'est vous que j'aime,
Sans que vous exposiez voltre valeur extréme,
Ie pourray l'esloigner assez facilement,
Et si vous n'aspiriez qu'à ce contentement,
Dans peu vous connoistrez qu'Amarille est fidelle
Et qu'elle vit pour vous, si vous vivez pour elle.

DOM PHILIPPE.

Que ie vis plein d'ennuis absent de vos beaux yeux
Et que vostre entretien m'a rendu glorieux:
Mais pour continuër cette faveur supréme.
Et pour me faire voir comme Amarille m'aime,
Où pourray je ce soir posseder le bon-heur

De vous entretenir si i'ay cette faveur
Que ie puis à bon droit appeller sans seconde.

AMARILLE.

Alors que le Soleil sera couché sous l'onde,
La nuict dont le silence est amy de l'amant
Produira sans obstacle un tel contentement;
Ce soir vous me verrez dessous cette fenestre.

SCENE II.

DOM IOVAN, AMARILLE, DOM PHILIPPE,

DON IOVAM. *à part.*

IE seray diligent & vous feray connoistre
Qu'vn Amant mesprisé sçait prendre avec raison
Le bien de se vanger de tant de trahison.

AMARILLE.

Ouy, venez & qu'amour vous donne une constance
Esgalle à la vertu de ma perseverance.

DOM PHILIPPE.

I'en ay tous les sujets qu'un amant peut avoir;
Vos beaux yeux ont sur moy cét absolu pouvoir,
Et n'estre pas content en aymant Amarille,
C'est estre sans raison, & d'une ame imbecille.

AMARILLE. *Elle s'en va*

Allez donc, & sur tout, enfin souvenez-vous,
Qu'autre que vous iamais ne sera mon Espoux.

DOM PHILIPPE. *seul*

Que ces mots dãs mõ cœur portẽt d'aimables charmes
Si ie n'estois vaincu ie luy rendrois les armes,
Et mon cœur tout ravy de ces nouveaux propos,
Luy voudroit consacrer sa vie & son repos.
Que c'est avec raison que son œil me domine,
Qu'avec droict ie la puis croire toute divine,
Et dire que l'amant qui vit dessous ses Loix
Est beaucoup plus heureux que ne sont tous les Roys.

SCENE III.

DOM IOVAN, *seul*.

VA fonde ton bon-heur dessus cét Hymenée,
Mon ame à ce tourment ne s'est point condamnée,
Ie ne connus iamais un amour violent,
Et ne veux d'Amarille estre que le galant,
En poursuivant ce bien iamais la jalousie
N'arrestera le cours de ma galanterie :
Ie me ris de l'espoir d'un langoureux amant :
Et trouve mon plaisir parmy le changement,
Amarille me plaist, mais dedans ma poursuite
Ie sçauray mesnager une adroitte conduite
Feindre d'aimer ses yeux, d'adorer sa beauté,
Et d'estre plein d'amour & de fidelité,
Luy iurer que ses yeux m'ont rendu tout de flâme,
Et que ses cheveux sont les doux lacs de mon ame,
Que son taint dont l'esclat se montre sans pareil,
A mes yeux amoureux, passe pour un Soleil:
Que sa bouche toûjours de vermeil & de roses,
Des tourmens amoureux sont les aymables causes,
Que son sein est l'Autel où s'en vont mes soûpirs,
Pour servir de victime à ses plus grands desirs,
Enfin un homme adroit plein de cœur & d'estime
Fait piece en cent endroits sans qu'aucun le reprime,
Et quand on rend bon conte à chacun de ses faits
On n'apprehende point de dangereux succez,
Ce soir ie veux duper & l'Amant & l'Amante,
Satisfaire mon ame, & tromper mon attente;
Vn moment prevenant leur assignation,
Ie puis voir Amarille à ma discretion,

SCENE. IV.

DOM ALVAROS, BRIGVELLE.

DOM ALVAROS.

AH ! pere malheurux qu'elle est ta destinée,
A quels tourmens ton ame est elle condamnée,
Celuy que ie croyois mon vnique support,
Est celuy maintenant qui me donne la mort.
Vn Fils où ie mettois toute mon esperance
Où ie croyois trouver vne entiere asseurance,
Détruit de mon honneur le renom affermy,
Et des vertus se rend l'execrable ennemy.
Vous, sentimens d'honneur qui regnez en mon ame,
Qui dans ce corps de glace estes encore de flâme;
Beau feu que dans mon sang ie croyois infiny,
Aujourd'huy de mon sang vous verray je banny:
Beau soing que i'ay tousiours conservé pour ma gloire
Souvenir de mes faits sortez de ma memoire,
Dequoy vous peut servir qu'on en parle aujourd'huy,
Si vous estes soüillez par le crime d'autruy:
Ie vous ay creu tousiours à mes vœux favorables
Que mon Fils seroit vostre, & ses faits deplorables
Font voir que la nature, & le sang & le sort
Dans le Pere & le Fils n'ont mis aucun rapport,
Et que souvent l'honneur & la vertu du Pere,
Ne sont pas de l'enfant vn bien hereditaire,
Tu te trompe mon Fils, & ton cœur obstiné,
Ravalé par le vice autant que suborné,
Recevra tost ou tard ce qu'on doit à son vice,
Et le couroux du Ciel appreste son supplice.
I'ay fait ce que i'ay pû, mais mes enseignemens
N'ont pû finir le cours de tes débordemens;
Va, ne refuse rien à ton ame aveuglée,
Suy le cours de ta vie infame & dereglée,
Et que le coup mortel d'un si cuisant malheur,
Mette fin pour iamais à ma longue douleur.

BRIGVELLE.

C'est vous gesner l'esprit d'une plainte inutile,
La mort qui n'est iamais courtoise ny civille,
Pourroit estre pour vous & prompte & sans refus,
Et quand vous la verriez vous seriez bien confus,
Laissez là vostre Fils, ou l'envoyez à Rome,
I'ay fait ce que j'ay pû pour le rendre honneste hõme,
Mais le voyant aux pieds fouler mes sentimens,
Me gourmer,& railler de mes enseignemens:
Me traiter d'ignorant, de coquin & de beste,
Sur ma foy i'ay cessé de m'y rompre la teste.

DOM ALVAROS.

Briguelle laisse moy dans l'estat où ie suis,
Tes propos superflus accroissent mes ennuis.

BRIGVELLE.

Monsieur, dans ce courroux vostre santé s'altere.
Consolons-nous tous deux,nous ny pouvons rien faire.

DOM ALVAROS.

Helas ! il est trop vray que ce cœur endurcy,
D'entendre mes raisons ne prend aucun soucy,
Que dira t'on de moy maintenant dans Seville?

BRIGVELLE.

Que vostre Fils en a duppé les plus habiles.

DOM ALVAROS.

Briguelle encore un coup n'acrois point mes douleurs
Ie ne ressens que trop le coup de mes malheurs,
Et si ce Fils cruel, & plein de violences,
N'obligeoit tout un Monde à voir ses insolences.
Ie serois moins touché de son déreglement,
Tay-toy donc tu ne fais qu'augmenter mon tourmẽt.

BRIGVELLE.

Tant s'en faut ie voudrois soulager vostre peine:
Mais, Monsieur, le voicy, quelque bon vent l'ameine:

SCENE V.

DOM ALVAROS, DOM IOVAN, BRIGVELLE.

DOM ALVAROS. *voyant Dom Iouan.*

Ciel daignez assister un Pere malheureux
Touchez un peu son cœur accõplissez mes vœux.

DOM IOVAN.

Mon Pere est en ce lieu, que cét abord me blesse,
La chose insupportable à voir que la vieillesse,
Tousiours quelque chagrin occupe sa raison.

DOM ALVAROS.

Dom Ioüan mes advis seront-ils de saison?
Puis je vous faire voir dans le mal qui me blesse,
De quels maux vostre humeur accable ma vieillesse.
Que le courant fascheux du vice où vous trempez
Vous porte au precipice où desia vous tombez
Et que sur le penchant d'vne telle ruine,
L'amitié paternelle encore me domine.
Elle vous vient offrir vne main dans ce iour
L'horreur que i'ay pour vous le cede à mon amour.
Si vous n'estes aveuglé au malheur qui s'appreste
En suiuant mes raisons évitez la tempeste,
Chacun dedans Seville est ligué contre vous,
Vous attirez la haine, & le mépris de tous,
Celuy qui vous estime & qui vous aime encore,
Est contraint d'aduoüer qu'enfin il vous abhorre.
Ah! mon Fils à quel sort estes vous destiné,
Qui produit trop d'orgueil en ce cœur obstiné
Ie sçay bien qu'en vostre aage ou la chaleur domine.
Souvent on ne void pas approcher sa ruine,
Mais aussi ie sçay bien que dans cette saison
On commence, ou iamais à chercher la raison,
Vous ne la cherchez pas vn pere vous l'apporte,
Recevez là mon Fils, & la rendez si forte
Qu'elle chasse auiourd'huy toutes ces passions,
Qui bannissent de vous les belles actions.

DOM IOVAN.

Tousiours importuné des effets de l'envie,
Ie ne sçay plus comment ie dois regler ma vie:
Comment vous écouter & sur quels fondemens
Appuyer vos discours & vos raisonnemens,
Vostre bizarre humeur à mon ame surprise,
Que peut-on voir en moy que l'aage n'authorise.

DOM ALVAROS

Quoy ? l'aage t'authorise en tout ce que tu fais:
Va, ie n'ignore pas tes infames projets,
Ie connois ton esprit, ie connois tes pensées,
De mes meilleurs amis les Filles abusées,
Leurs amans au Tombeau par ta brutalité
Sont-ce des faits qu'on souffre avec impunité
L'aage authorise-t'il tes fourbes, tes furies?

BRIGVELLE.

Monsieur, dans son esprit ce sont galanteries.

DOM ALVAROS.

Tu sçais que tu fais piece à tous les gens d'honneur,
Et c'est temerité bien plustost que valeur:
Tu t'és pris à des gens tous remplis de vaillances
Que tu n'as surmontez que par tes insolences:
Bref, dedans tes desseins aucun ne comprend rien,
Et tous tes ennemis se trouvent gens de bien.
Quand un homme insolent obtient quelque victoire,
Il se couvre de blasme & n'a iamais de gloire.
Si tu ne peux durer sans la dissention,
Enfin, si la guerre est ton inclination,
Va t'en la rencontrer proche de la frontiere,
Et là contente toy si ton ame est guerriere,
Et ne viens pas icy dans le sein de la paix
Faire naistre un malheur qu'on n'y trouva iamais.

DOM IOVAN.

Que i'ay peine à souffrir vos froides resveries,
Et les discours lasches dont elle sont suivies,
Que la vieillesse en vous a d'incommoditez,

Ie ne puis plus souffrir vos importunitez,
Mon Pere, laissez-moy, cessez vos remonstrances.
Ou vous me porterez à quelques violences.

DOM ALVAROS

Quoy tu persisteras avec impunité,
Dans cette humeur altiere; ah! l'esprit empesté.

DOM IOVAN

Dans la belle saison de mes ieunes années
Vous ne rendrez iamais mes passions bornées,
Et si vous pretendez alterer mes plaisirs,
Vous vous méconterez, c'est trahir vos desirs,
Pour Pere, maintenant ie ne vous puis connoistre,
Ie suis dans un estat d'estre tout seul mon Maistre.
Le Ciel iusqu'à l'enfance a fait que les humains
Auroient besoin d'un Pere, & seroient en ses mains,
Mais depuis qu'un rayon de sa grace supréme.
Nous donne la raison, il nous rend à nous méme,
Et c'est iniustement qu'un Pere veut regner
Quand l'enfant par raison se peut tout enseigner.

DOM ALVAROS.

Considerez mon Fils que toute chose humaine
Est moins digne d'amour, que d'horreur & de haine,
Que le plaisir se perd aussi tost qu'il est né,
Qu'il faut en le goustant songer qu'il est borné:
Et que sa course enfin si tost precipitée
Doit servir de raisons à ton ame indomptée,
Pense tu m'éblouïr par tes faux sentimens;
Crois tu que ie me rende à tes raisonnemens?
Non non proche du gouffre où tu te precipite,
Ie veux te faire voir quels tourmens tu merite,
De dessiller les yeux, & te prier mon Fils
De ne te perdre pas, de suivre mes advis.
Vn Pere à tes genoux t'en prie avec des larmes;

Il se met à genoux

Que ton cœur s'amolisse & luy rende les armes:
Si tant de fierté regne en ton coupable sein,

Qu'à ton Pere à genoux tu sois tant inhumain,
Si tu n'écoute point ton Pere & la nature,
Pense que c'est mon Fils le Ciel qui t'en conjure.

DOM IOVAN.

Certes ie suis touché de l'estat malheureux,
Où la fatalité d'un destin rigoureux
A reduit vos vieux iours, vos larmes me font peine,
I'en ay le deüil au cœur, & l'esprit à la gesne,
Ie voy vostre folie avec compassion
Qui peut produire en vous cette lâche action?
Quoy, pleurer & gemir & n'avoir rien à dire,
Que des mots dont chacun auroit sujet de rire.

DOM ALVAROS.

Quoy les larmes & les cris, les plaintes, & les pleurs
Ne font que l'endurcir que croistre ses fureurs,
Ah! l'homme malheureux, ah! monstre épouventable:
Va Demon des Enfers, va Tygre insatiable;
Le Ciel iuste vengeur sçaura bien prevenir
L'estat de mon courroux & bien tost te punir.

BRIGVELLE.

Monsieur, Considerez que Dieux Hommes, & Diables
Ce sont nos ennemis, vos crimes execrables,
Nous vont faire perir.

DOM IOVAN *Il luy donne un coup de pied.*

Tay toy,

BRIGVELLE. Ha! l'enragé,
Ciel vangez un valet comme un Pere affligé.

DOM ALVAROS.

Traistre, au moins tu devrois respecter ma presence:

DOM IOVAN.

Ie me vange par tout alors que l'on m'offence:
Mais pour ne plus souffrir vos importunitez,
Monsieur faites retraite & si vous contestez,

DOM ALVAROS.

Ah! Dieux! à quel excez a passé ma misere,
Ah! Fils abominable, ah! déplorable Pere,

Brutal, i'ay dans les bras encor trop de vigueur,
Pour t'immoler ſur l'heure à ma iuſte fureur,
Suy tes déreglemens contente ton envie:
Mais au moins ſouviens toy que tu me dois la vie.

DOM IOVAN

Ah! par cette raiſon ie vous dois peu d'amour,
C'eſt au gré du deſtin que nous venons au iour:
La Nature eſt ma Mere & le ſort m'a fait naiſtre,
Et le Ciel eſt tout ſeul & mon Pere & mon eſtre.

DOM ALVAROS.

Et bien ie t'abandonne infame eſprit abiet,
Qui ne ſuis de ton ſens que le brutal objet.

DOM IOVAN

Cét abandonnement eſt ce que ie deſire.

DOM ALVAROS.

Tu me rends mal-heureux, mais ton ſort ſera pire;

DOM IOVAN.

Que le deſtin ſe bande ou pour, ou contre moy,
Pere, Princes, ny Dieux ne me feront la loy.

DOM ALVAROS.

Le moindre des humains ſuffit pour te détruire.

DOM IOVAN.

Fors voſtre eſprit bleſſé, rien ne me ſçauroit nuire;

DOM ALVAROS.

Superbe, i'ay pour toy trop de diſcretion,
Mais crains dans ma fureur ma malediction.

DOM IOVAN.

Vous recevez la mienne, & de voſtre inſolence
Le iuſte payement. DOM ALVAROS.
Ah! Ciel prens ma deffence,
Et redonne la force à ſes membres vieillis,
Qui ſous vn froid Tombeau vont eſtre enſevelis,
Traiſtre infant que ſes mains t'arrachent les entrailles
Que qui te mis au iour faſſe tes funerailles.

DOM IOVAN.

Déplore ton malheur, peſte contre le ſort,

Mais ne m'approche pas.

DOM ALVAROS. Ah ! que ne suis-je mort:

DOM IOVAN

Tey sur moy,

BRIGVELLE.

C'est chercher ma misere future,
Ie ne reçois de luy que gourmades, qu'injure,
Mais courons, car il est fort liberal de coups.

SCENE VI.

DOM ALVAROS. *seul.*

Ciel estes-vous sans yeux sans armes sans courroux
Où l'horreur qu'ont produit de sẽblables offẽses?
A-t'elle fait trembler vos suprémes puissances?
Au Maistre le vallet doit-il donner la Loy?
Le Subjet s'arme t'il contre son propre Roy?
Et verra-t'on l'orgueil dedans la creature
Renverser aujourd'huy l'ordre de la nature?
Car voyant vos carreaux à me venger si lents.
Ie croy qu'aprés vos bras les ont fait impuissans,
Que vous laissez regner le crime sur la terre,
Pour punir les humains pour leur faire la guerre,
Que vous nous punissez ne nous punissant pas,
Et que vos forces sont en nos propres debats.
O ! vous noirs habitans des voûtes les plus sombre.
Quittez pour un moment le commerce des ombres,
Et venez voir au iour un crime sans pareil,
Qui fait cacher d'horreur la face du Soleil:
Apportez en ces lieux quelque nouveau supplice:
Car le Ciel n'a pour moy ny secours ny iustice:
Mais vos tourmens sont peu vos gênes & vos fers,
Et les punitions qu'on exerce aux enfers.
Ne suffiront jamais pour ce crime execrable,
Cherchons donc le secours que cherche un miserable:
Allons voir celle à qui les malheureux mortels
Sur leurs propres malheurs eslevant des Autels:
Ouy, Dieux humains, Demons, la mort à la puissance
De me donner sans vous une prompte allegeance.

ACTE II.

SCENE PREMIERE.

BRIGVELLE *seul*.

C'Est tout de bon destin, tu me fais enrager,
Tout mon mal seroit peu si j'avois à manger:
Mais icy m'exposant au vent d'une cuisine,
C'est bien entierement conclure ma ruine,
Dedans cette Maison i'entends remuër les plats,
Et cependant ie n'ay que l'air pour mon repas,
Si dans nostre Almanach ie puis voir la Planette,
Qui m'exposent aux rigueurs d'une telle disette,
Elle aura mille coups, ie la déchireray,
Et i'en feray du feu dont ie me chaufferay.
Ah ! Planette maudite & peu considerante,
Si de mon appetit tu ne remplis l'attente,
Au moins garantis-moy des mains d'un maistre fou,
Qui m'a plus de cent fois pensé rompre le coû,
Il est allé duper une Amante nouvelle
Cependant que ie fais icy la sentinelle,
Si son rival venoit ie craindrois bien pour luy,
Et pour mon dos aussi, toutesfois pour autruy,
Ne soyons pas si sot évitons la querelle,
Et si nous en voyons, enfilons la venelle.
Dom Philippe est mutin, Amarille a des gens,
Qui pour me bien frotter se rendront diligens;
Car quand elle verra que Dom Ioüan mon Maistre,
Sera dans sa maison, dans un coin comme un traistre,
Elle fera des cris son Pere, & ses valets
Viendront nous égorger ainsi que des poulets.

SCENE II.

AMARILLE, BRIGVELLE, DOM PIERRE, DOM IOVAN.

AMARILLE.

A Moy, ie suis surprise vn insolent m'outrage,

BRIGVELLE.

Ah! Dieux, mon Maistre est pris viste troussons bagage
N'attendons pas le choc il seroit perilleux,
Et ce lieu dedans peu sera bien dangereux

DOM PIERRE. *Pere d'Amarille.*

Dom Pierre sort & ses valets poursuivant Dom Ioüan l'épée à la main

Quoy traistre en ma maison & pour forcer ma fille,
Pour me des-honorer, & toute ma famille,
Il faut perdre la vie. DOM IOVAN.
Ah! c'est trop t'épargner,
Voila ce qu'aprés moy l'obstiné peut gaigner.

AMARILLE. *Sortans de la Maison.*

Mon Pere est mort. DOM IOVAN.
Faquins, si vous osez me suivre,

DOM PIERRE. *Mourant.*

Que quelqu'un prenne soin : Mais ie cesse de vivre.

AMARILLE.

Qu'elle rage, quel sort, quel Demon envieux,
M'oste dans cét instant un bien si precieux,
Quoy, vous perdre mon Pere? Ah! malheur qui me tuë
Ah! fatal accident, ah! disgrace impreveuë,
Mon Pere ah! c'en est fait, son corps est tout glacé,
Et son divin Esprit chez les morts est passé,
Le sommeil eternel a fermé sa paupiere,
Et dans peu comme à luy m'ostera la lumiere.
Ouy, mon Pere, à present sans consolation,
Ie veux chercher la mort dans mon affliction,
Et pour mieux la trouver dans le mal que i'endure
I'iray l'attendre au lieu de vostre Sepulture.

Mais

Mais recevez mes cris, mes plaintes & mes pleurs,
Ie n'ay qu'eux à donner en de si grands mal heurs,
Daignez donc accepter cette derniere offrande,
Dans ce destin fatal la douleur me commande,
Ie pretens vous venger par leurs propres fureurs;
Et remettre ce soin au cours de leurs clameurs:
En quelque lieu que soit l'assassin execrable,
Qui vous donnant la mort m'a rendu miserable,
Ils iront le chercher le livrer aux bourreaux:
Et les remords cuisans l'accableront de maux,
Si ma juste douleur peut devenir mortelle
Me rejoignant à vous elle sera fidelle,
Ah! vous hommes poltrons, pleins de stupidité
Qui l'avez veu perir, & dont la lascheté
Dans ce coup mal heureux de sa mort est complice,
L'emportant rendez luy ce déplorable office

SCENE III.

DOM PHILIPPE, AMARILLE.

DOM PHILIPPE.

QVel spectacle en ce lieu se presente à mes yeux,
Qu'est ce donc Amarille; & que vois-je ah! bons (Dieux;

AMARILLE,

La cause de mes maux est assez apparente,
Et vous la pouvez voir sur ma face mourante,

DOM PHILIPPE.

Ie ne le voy que trop mais quel est l'assassin?

AMARILLE

Vn monstre dont le coup passe iusqu'à mon sein,
Vn execrable, vn traistre, vn Demon que l'envie
Forma dans les Enfers pour m'arracher la vie.
Dom Ioüan.

DOM PHILIPPE.

Dom Ioüan ah! Ciel que dites-vous?
Où peut il s'exempter de mon iuste courroux;
Où puis-je le trouver.

AMARILLE,

C'est un soin inutile

Si l'on ne fait fermer les portes de la Ville,
C'est ainsi qu'on le peut trouver facilement.

DOM PHILIPPE.

Hola que quelqu'un vienne, allez, & promptement
Faire fermer la Ville & que l'on fasse en sorte,
Que l'on ferme au plustost iusqu'à la moindre porte,
Faites par tout sçavoir la mort du Gouverneur,
Qu'on cherche Dom Ioüan, & qu'il en est l'Autheur,
O malheur, ô disgrace, où ie trouve une peine,
Qui produit en mon cœur une mortelle gêne.
O ce monstre a t'il pû conçevoir ce dessein?
Qui peut avoir produit cette rage en son sein?
Si ce fasché en vouloit à ceux pour qui vostre ame,
A droict de conserver une amoureuse flâme,
Si tous ses ennemis sont dans vostre amitié,
Si pour vous ce perfide a tant d'inimitié,
Ce traistre ne devoit attaquer que moy mesme
I'aurois payé pour tous son insolence extrême
Ah ! peste des humains, execrable bourreau,
Quoy qu'il puisse arriver ie veux estre ton fleau,
L'on ne peut t'exempter de ma iuste furie,
I'iray, I'iray par tout mettre fin à ta vie,
Que tu sois assisté des Dieux, ou des mortels,
I'iray t'assassiner iusques sur leurs Autels,
Et mon iuste courroux sera comme un Tonnerre,
Qui t'ira rechercher iusqu'au bout de la Terre,
Mais, Madame comment s'est fait cette action?

AMARILLE.

Par le cours imprudent de nostre passion,
Helas !

DOM PHILIPPE.

De qu'elle sorte achevez donc, Madame:

AMARILLE.

Pour nous entretenir de cette honneste flâme
Je vous donnay cette heure, où nous pensiôs tous deux
Sans obstacle parler des tourmens amoureux,
Ce traistre de qui l'ame au crime abandonnée,

A causé tant de maux a sçeu l'heure donnée,
A la faveur de l'ombre il s'est glissé chez nous,
Dedans l'obscurité i'ay creu que c'estoit vous:
Pensant dont vous trouver i'ay trouvé le perfide,
D'une lasche action il paroissoit avide,
Il m'a voulu forcer, mais, & de ses discours,
Et de ses trahisons i'ay sçeu rompre le cours.

DOM PHILIPPE.

Ah! Dieu.

AMARILLE.

Quoy que surprise en de telles allarmes,
Ie crie, on vient à moy , on me voit toute en larmes,
On poursuit le Tyran, il gagne l'escalier,
Et furieux il sort , mon Pere le premier,
Le poursuivant de prés iusques dedans la ruë,
Mais laissé de nos gens , cét assassin le tuë.

DOM PHILIPPE.

Mal-heureux que ie suis qui retenoit mes pas?
Mon seul retardement a causé son trespas.

AMARILLE,

Ainsi donc de sa mort sans dire d'autres choses?
Nous en sommes tous deux les innocentes causes,

DOM PHILIPPE.

Madame, en ce moment ie n'ay plus de raison;
Ie m'en vais vous venger de cette trahison.

AMARILLE.

Dom Philippe en toy seul ie vois mon assistance,
Et si ie te perdois ie perdrois ma deffence
Ne m'abandonne pas dans le trouble où ie suis,
Toy seul peux arrester le cours de mes ennuis.

DOM PHILIPPE.

Ah! divine Amarille, il faut que cét infame,
Apprenne iusqu'où va le trouble de mon ame.

AMARILLE.

Helas! quand le desir d'employer ta valeur.
Pour mō Pere & mon duëil, vient naistre dā mō cœur,
Craignant de t'exposer i'en bannis la pensée,

Et de ces deux tourmens mon ame est oppressée,
L'amour que j'ay pour toy regne sur mes douleurs,
Et se vient eslever un trosne dans mes pleurs.
Mais tout puissant qu'il est il faut, il faut qu'il cede
Toy seul és ma vengeance, mon support & mon aide
Si dedans cette Ville on ne le peut trouver,
Fût il au bout du monde, il faut l'aller chercher,
Qu'il resente le coup de ta iuste colere,
Et qu'enfin on l'immole aux manes de mon Pere,
Va tasche à le trouver conserve ton courroux,
Le Ciel va t'assister il s'armera pour nous.

DOM PHILIPPE.

Ah ! Madame il n'est point de desert ny d'abisme
Qui n'eust beaucoup d'horreur de cacher un tel crime
Et ie croy que les lieux où la nuict fait sa Cour
Pour le faire paroistre emprunteront du iour:
Adieu reservez moy ces faveurs amoureuses
Pour le temps que mes mains seront victorieuses,
Quand i'auray fait mourir l'autheur de nos malheurs,
Nous pourrons arrester le torrent de nos pleurs.

SCENE. IV.

BRIGVELLE *sortant du coin où il s'estoit caché.*

BRIGVELLE.

Diable que i'ay bien-fait i'ay sçeu l'échapper belle
Ciel, ie vous en promets une belle chandelle,
Apres ce grand hazard que ie viens de courir,
M'assomme qui iamais pourra m'y retenir
Non, non, ie n'y vay plus, ie ne suis pas si traistre,
Ie ne suis plus valet d'vn si dangereux Maistre,
Ie le quitte dés l'heure, & ie suis à loüer,
Et si ie le serts plus, qu'on me fasse foüetter,
C'est vn Diable incarné. Mais devenons plus sage,
Aussi bien l'on pourroit pour luy me mettre en cage,
Puis ie n'en sortirois que pour dancer si haut,
Que iamais basteleur ne fit vn si beau saut.

Que i'ay souffert de mal pendant cette tuërie,
Quand i'y pense ma foy, ie t'ayme bien ma vie;
Car estant de tout temps ton humble serviteur,
Vn iour on me verra pour toy mourir de peur;
Mais parlant de mourir en tournant la croupiere,
Quelqu'vn ne m'auroit il point frappé par derriere,
Ne suis-je point blessé? sans tarder il faut voir,
Non, ie n'ay pour tout mal que la peur d'en avoir.

SCENE V.

BRIGVELLE, DOM IOVAN.

BRIGVELLE. *continuant.*

MAis que vois-je passer le long de cette ruë;
Ah! crainte vous voila de nouveau revenuë,

DOM IOVAN.

Qui est-tu?

BRIGVELLE.

Vn Valet qui passe son chemin.

DOM IOVAN.

Comment t'apelle-tu?

BRIGVELLE.

Ah ie n'en feray rien,
Pourquoy dire mon nom?

DOM IOVAN.

Tu le diras ie meure
Ou bien tu recevras mille coups tout à l'heure,
N'est-tu pas en ce lieu pour espier mes pas?

BRIGVELLE.

J'ay bien d'autres soucis. Ah! ie n'y pense pas,
Je fuis de cette ruë où l'on a fait carnage.

DOM IOVAN.

Briguelle est-ce point toy!

BRIGVELLE.

C'est mon maistre, courage!
Rasseurons nos esprits. Quoy? Monsieur, c'est dõc vous
Sauvez-vous qu'on nous va tous deux roüer de coups,
Si nous ne nous sauvons.

DOM IOVAN.

Que ta frayeur est vaine
Quiconque me vaincra, n'aura pas forme humaine,

BRIGVELLE.

Monsieur de tout mon cœur, ie m'en vay prier Dieu,
Qu'il m'assiste. DOM IOVAN
Poltron! ah demeure en ce lieu,
Ou bien tu sentiras l'effet de ma colere.

BRIGVELLE.

Que ne me feroit il s'il a battu son Pere?

DOM IOVAN

Vois tu bien, tu dois vivre & mourir avec moy.

BRIGVELLE.

Ah! ie ne veux qu'y vivre ah! nuict assiste moy,
Couvre moy de ton ombre, afin que ie l'évite.

DOM IOVAN.

Escoute moy parler ton seul babil m'irrite.

BRIGVELLE.

Parlez si vous voulez Monsieur iusqu'à demain.

DOM IOVAN.

Tu sçais bien que Dom Pierre est mort, & par ma main

BRIGVELLE.

Que trop. DOM IOVAN.
Qu'on me poursuit.
BRIGVELLE. Ah! Monsieur ie m'en doute,
Et c'est ce qu'en ce lieu, maintenant ie redoute:
Car si nous estions pris ie serois tost pendu.
Laissez moy donc aller, Monsieur ie suis perdu.

DOM IOVAN.

Et bien si tu crains tant, i'emprunteray ta forme,
Tes habits pour les miens. BRIGVELLE.
Attendez-moy sous l'orme;
Cacher un criminel en mon habillement;
Ie suis fort bien, Monsieur, dedans ce vestement,
Gardez vos beaux habits avec vostre malice,

DOM IOVAN.

Sçais tu que ie le veux?
BRIGVELLE. O! Dieux quelle iniustice!
Quoy? me mettre en peril: moy qui suis innocent,

Monsieur, de vos bien faits ie suis reconnoissant,
Mais non pas iusqu'à perdre & l'honneur & la vie.

DOM IOVAN.

Coquin, mais de ton Maistre elle sera ravie,
Les Archers pour m'avoir visitent en tous lieux.

BRIGVELLE.

Pourquoy ? Diable, Monsieur, sont-ils si curieux?
Ces facquins sont fascheux avecque leur visite,
Ils montrent vous voyant leur mine d'hypocrite,
Et leurs meschans desseins ne nous paroissent pas,
Que ne nous laissent-ils, nous ne les cherchons pas.

DOM IOVAN.

C'est discourir en vain, sans plus causer, Briguelle,
Donne-moy tes habits. BRIGVELLE
Ah ! ma crainte est mortelle,
Par ma foy c'est en vain que vous vous obstinez.
Quand ie verrois-icy des Diables déchainez,
Ie ne le ferois pas. DOM IOVAN,
Tu le feras j'en jure,
Où ie vais t'égorger.
BRIGVELLE. La maudite adventure.

DOM IOVAN.

Oste donc tes habits, ou ie t'assommeray
Et puis facilement ie te les osteray,

BRIGVELLE.

A ce prix là iamais n'auray valet de chambre,
Donnez moy vos habits, pleins de civette & d'ambre;

DOM IOVAN.

Viens dessous ce balcon ie te les donneray,

BRIGVELLE,

Si ie ne suis perdu, ie suis bien égaré.

SCENE VI.

LE PREVOST ET LES ARCHERS.

LE PREVOST.

EN cét affaire, Archers, bon œil, & bon courage,

Arrestez les passans, voyez les au visage,
Examinez par tout, mais ne vous trompez pas,
De peur de nous jetter dans quelque embarras
Connoissez-vous le traistre? en avez vous l'idée
Sa face de frayeur se verra possedée,
Vous le reconnoistrez à son œil égaré.
A ses pas mal guidez, troublé, mal asseuré,
Dedans la déffiance, & le cœur plein d'allarmes,
Et quoy qu'intimidé les mains dessus les armes,
Le criminel sçachant son trépas absolû,
A force de frayeur il paroist resolu
Au visage, à la mine, au geste, à la parole,
Tous sans difficulté vous connoistrez le drosle,
C'est ainsi qu'au mestier j'ay toujours reüssi;
Et nous l'aurons amis sans beaucoup de souci,
Car quoy que fassent tous ces pauvres miserables,
Ils cherchent nostre piege, ainsi que des coupables.

ARCHER PREMIER.

Nous allons tant chercher & si bien fureter,
Qu'en quelque lieu qu'il soit nous sçaurons l'arrester.

VN AVTRE ARCHER.

Eust-il plus qu'un renard mille fois de finesse,
I'ay tousiours pour le prendre une admirable addresse,

LE PREVOST.

Dés que vous le verrez il vous en faut saisir;
Car si vous luy donnez un moment de loisir,
Il se voudra deffendre.

L'ARCHER. Attendant qu'il arrive,
Tenons-nous donc Monsieur dessus la deffensive.

SCENE VII.

LE PREVOST, BRIGVELLE, AVTRE ARCHER.

Qvelqu'un paroist.

LE PREVOST.

Qui est là.

BRIGVELLE

BRIGVELLE. Passons sans faire bruit,
Taschons à nous sauver en faveur de la nuict,
Me voila maintenant à ta misericorde,
Funeste habillement? ah! que tu sens la corde,
Le traistre est desia loing avecque mes habits,
Mon esprit, ma raison estes vous sans advis?
Cherchez-m'en quelques-uns, vous aussi ma cervelle,
Vous en estes priez du tres-humble Briguelle,
Ces habits font de bruit, peste du taffetas
Ainsi que moy bourreau tu ne te tairas pas,
Ah! chien, traistre habit Mais Dieux, c'est sans remise,
Quelqu'un s'en vient à moy.

LE PREVOST. Qui va là.

BRIGVELLE. Sans surprise.
Messieurs?

VN ARCHER.
Arrestez-vous?

BRIGVELLE. Vsons d'invention.

LE PREVOST.
Vous paroissez surpris dedans vostre action,
Dites donc maintenant qui vous estes?

BRIGVELLE. Le Prince.
Comment! arrestez vous un maistre de Province,
Qui va voir sa Maistresse.

LE PREVOST. Excusez-nous Seigneur,
Nous sommes en ce lieu pour prẽdre un Suborneur?
Vn assassin.

BRIGVELLE.
Marauts ie vous feray tous pendre.

LE PREVOST.
Pardonnez nous, Seigneur, on se peut bien mẽprẽdre,
Archers, retirons nous.

SCENE VIII.

BRIGVELLE. *seul.*

ALlez & promptement,
Ou bien ie vous feray traiter si rudement.

Que vous maudirez l'heure. Allez à tous les Diables
Ces gripeurs de colet sont pourtant effroyables,
Sans ma ruse ils m'alloient traitter en inhumains,
Ie n'eusse iamais creu m'eschapper de leurs mains,
Pourtant i'ay bon esprit i'admire mon adresse,
Et d'où m'est pû venir cette bonne finesse,
Ie les ay fait trembler ils sont tous fuis de peur,
Il faut croire par là que i'ay prudence & cœur,
Ie feray cas de moy, mais sortons de la Ville,
C'est le plus necessaire, & c'est le plus utile:
Ie sçay pour me sauver de vieux murs démolis,
Ainsi ie ne pourray gaster que mes habits,
Mais n'importe, on peut tout pour conserver sa vie,
Et qui ne le fait pas, est beste & fait folie.

ACTE III.

SCENE PREMIERE.

UN PELERIN *dans un bois.*

Beau desir qui te donne empire sur mes sens?
Que ces lieux ont pour moy de plaisirs innocens?
De puis que ie suis agreable genie.
Que tu me fais mener cette innocente vie,
Ie n'ay rien rencontré de si charmant aux yeux
Et rien ne m'a iamais paru si gracieux,
Ces fleurs de leurs parfums aux passans font largesse,
Elle donne aux eaux leur extréme richesse,
Et cherchant pour nous plaire un agréement nouveau
Presentent à nos yeux ce qu'elles ont de beau,
Apres avoir passé tant de Mers orageuses
Qu'on trouve de douceur dans ces plaines heureuses,
Apres avoir souffert des vents impetueux
Qu'on reçoit de plaisirs du zephir amoureux,
Ma curiosité m'a fait voir l'Italie,
Des Alpes i'ay passé la hauteur infinie.
Des Espagnes i'ay veu les lieux sanctifiez,

Et mes Esprits en sont encor glorifiez ?
De la France j'ay veu la splendeur non commune,
Et de sa belle Cour la royale fortune ;
De là i'ay veu le Rhin, le Danube orgueilleux,
Qui va dorer ses flots au Levant radieux,
Le Iourdain reveré dedans la Palestine.
Le Nil qui pour l'Egypte à l'onde si benigne,
Et qui n'apporte rien dans son débordement,
Que douceur, que plaisir, & que ravissement ;
Le Tirge dans la Perse, & le Gange en l'Indie,
Et l'Euphrat en voyant les costes d'Arabie,
Et sans me rebuter de ces travaux divers,
I'erreray sans cesser dedans cét Vnivers,
Cette sorte de vie est sans inquietude,
Aussi mon seul plaisir est dans la solitude :
Elle ne produit point de penser outrageux,
L'homme qui la cherit n'est iamais mal heureux,
Il est franc de soucis, d'ambition, d'envie,
Le moindre déplaisir n'outrage point sa vie ;
La fortune pour luy n'est qu'une fiction.
Et ne luy peut causer aucune passion.
Mais ie marche depuis le matin ou l'aurore,
De perles, de rubis, orne la belle Flore,
Ses fleurs semblent m'offrir un lict tout à propos,
Allons donc y gouster un moment de repos.

SCENE II.

DOM IOVAN, BRIGVELLE.

BRIGVELLE

AH! vous estes sorcier quand i'y pense, ie tremble,
Vous disiez, nous devons vivre & mourir ensemble
Vous aviez bien raison, vous sçaviez l'advenir,
Et vous estes un Diable, ou l'allez devenir,
Mais comment avez vous pû sortir de la ville ?

DOM IOVAN.

Cette chose, Briguelle, estoit peu difficile

Ayant sous tes habits la façon d'un valet,
On me laissa passer ou m'ouvrir le guichet,
Mais ie suis trop heureux puis que ie te rencontre,
C'est à present qu'il faut que ton zele se montre,
Que tu serves ton Maistre avec affection,
Et qu'icy ie réponde à cette passion,

BRIGVELLE.

Ma foy vous changerez donc d'humeur & de vie,
Ne croyez pas Monsieur, que ce soit raillerie,
Devenez honneste-homme, & ie vous serviray,
Autrement, sur ma foy cent fois ie periray,
Avant que de vous suivre, échappé de ces Diables,
Qui vivent du tourment des pauvres miserables,
De ces pestes d'Archers ma foy ne croyez pas.
Que Briguelle retourne à ce dangereux pas.
On n'a pas tous les iours la ruse & la finesse,
On n'a pas tous les iours du cœur & de l'adresse,
Comme ie vous ay dit i'ay fait fort vaillamment,
Mais qui sçait si i'auray tousiours bon iugement?
Ie pourrois bien perir en une mesme affaire,
Puis on dira par tout c'estoit un temeraire,
Ceux qui meurent ainsi du peuple sont maudis,
Et puis l'on n'a iamais un seul Deprofundis,
Pour éviter ce mal si vous n'estes plus sage,
Quelqu'autre avecque vous pourra faire voyage,
Vous avez vos habits.

DOM IOVAN. Ie te les donneray
A la premiere ville. BRIGVELLE.
O le cas reservé,
Ie croy que l'on verra plustost mes funerailles,
Car il dissipe tout. DOM IOVAN.
Eschappé des canailles
Qui t'ont voulu saisir comment te sauvas-tu,
Dy moy, par quel endroit?

BRIGVELLE.

Par un vieux mur rompu,

I'allay toute la nuict à travers la campagne
Sans boire ny manger, car, Monsieur, en Espagne
On rencontre plustost un trou qu'un cabaret.

DOM IOVAN.

Dedans l'occasion tu n'est pas mal adroit.

BRIGVELLE.

Depuis que i'ay fait peur aux Archers ie suis Diable,
Le plus méchant pour moy n'auroit rien d'effroyable,
Voir des Archers est plus que de monter sur l'Ours,
Et que dessus son dos faire cinq ou six tours.

DOM IOVAN.

Devenu si bravehomme & si plein de vaillance,
Pour toy n'auray respect, & beaucoup d'indulgence,
Ie t'aimeray, Briguelle, & croy que desormais
Ie t'estimeray plus que ie ne fis iamais:
Demeure dont à moy, tu me verras bon Maistre,
Et le temps mieux que moy te le fera connoistre.

BRIGVELLE.

Bien, bien ie vous reprens, ie le veux bien aussi.

DOM IOVAN.

Va-t'en donc promptement à deux mille d'icy,
T'informer s'il n'est point quelque vaisseau qui parte;
Afin que de ces lieux promptement ie m'écarte,
Ie vay te faire voir cent climats differents.

BRIGVELLE.

Donc de long-temps, Monsieur, ie ne verray parens?

DOM IOVAN.

Ah! grossier tes parens sont par toute la terre.
En Allemagne, en Flandre, en France, en Angleterre,
Mesme dans la Turquie, & dedans le Iapon.

BRIGVELLE.

Des parens en Turquie! est ce donc tout de bon?
Maistre Pierre connoist mon Pere & mes Ancestres,
Moy, i'aurois des parens, si chiens, si loups, si traistres!

DOM IOVAN.

Tu ne prens pas mon sens, va donc où ie t'ay dit.

BRIGVELLE.

Mais Monsieur, sur la Mer on a bon appetit,
Avez vous de l'argent pour faire ce voyage:
Vous sçavez bien qu'aux champs on mange davãtage,

DOM IOVAN.

Va va, i'ay quelque argent, nous ne manquerons pas,
Et le bon-homme enfin n'en envoyroit il pas?
Si ie luy écrivois quoy que mon Pere fasse,
Ie puis d'un mot d'écrit me remettre en sa grace,
Il sera trop content, il sera trop heureux.

BRIGVELLE.

Helas! que dites vous, l'oubliois, mal-heureux,
A vous dire un mal heur pour vous triste, & funeste,
Et pour qui va s'armer la colere celeste,
Vous devez abismer.

DOM IOVAN. Et par quelle raison?

BRIGVELLE.

Estourdy des Archers i'allay dans la maison.

DOM IOVAN.

Quoy? dans la nostre? BRIGVELLE.
Ouy dedans la vostre mesme.

DOM IOVAN.

Hé bien, BRIGVELLE.
Ie fus surpris par une plainte extréme,
I'entendis dire, helas! Dom Alvaros est mort,
Son Fils, Son traistre Fils, par un estrange sort,
En est l'infame Autheur.

DOM IOVAN Cette chose est cruelle

BRIGVELLE.

Et de plus, ce qui m'en confirma la nouvelle,
Ce fut un des voisins ne me connoissant pas,
Qui me dit qu'il venoit de mourir en ses bras.

DOM IOVAN.

Ah! ce coup me surprend Briguelle, ie l'advouë,
Mon Pere est mort. ah! Dieux ah! le destin se jouë
D'un mal-heureux mortel, & ie voy qu'à la fin

Il prepare pour moy quelque trait inhumain,
Car apres des mal-heurs d'une telle nature,
I'attens de son revers la plus sanglante injure.
Ie pressens des mal-heurs que ie ne connois pas,
Et ce pressentiment m'annonce mon trespas.
Mais n'importe, chassons la crainte du naufrage,
Et qu'aucun accident n'abatte mon courage,
Ie suis, (vienne sur moy tout le foudre des Cieux)
Pour l'attendre sans peur assez audacieux.

BRIGVELLE.

Il a le deüil au cœur, il est hors de soy mesme,
Monsieur,

DOM IOVAN.

Ie suis, Briguelle en un desordre extresme.

BRIGVELLE.

Courage il se reprend.

DOM IOVAN.

Ah! funeste rapport
Dy moy, n'a tu point sçeu comme arriva sa mort,

BRIGVELLE.

Ouy, ce fut de douleur, de regner de colere,
Et vous avez ingrat fait mourir vostre Pere,
Le desplaisir qu'il eut de vous voir l'irriter,
D'avoir veu vostre orgueil iusqu'à ce point monter;
Enfin, on me l'a dit & ie n'en doute guere.

DOM IOVAN

Il m'irrita Briguelle, il m'estoit trop severe,
I'eu tort de le fascher, mais que ne fait-on pas!
Lors qu'on est en colere on ne se connoist pas?

BRIGVELLE.

Il se faut moderer dans ses chaleurs boüillantes,
Et ne pas s'emporter aux choses violentes.

DOM IOVAN.

Pourquoy croit on qu'il soit ainsi mort de regret;
I'eu bruit avecque luy, mais ce fut en secret,

BRIGVELLE.

On m'a dit qu'outragé de cette vive attainte,
Il fut de tous costez faire entendre sa plainte,

Et que mesme en mourant il se plaignoit de vous;
Et qu'il est mort enfin d'un violent courroux.

DOM IOVAN.

Il ne seroit pas mort s'il n'eust esté bizarre,
Mais, voy s'il n'estroit pas & cruel & barbare,
Puis que de son trespas il me fait criminel:
Ah! Briguelle, il estoit inhumain & cruel.

BRIGVELLE.

Allez, parlant ainsi, vous estes méchant homme,
Et l'on ne pourra pas vous en absoudre à Rome.

DOM IOVAN.

Que veux-tu que ie fasse?

BRIGVELLE. Il faut verser des pleurs,
Et plaindre vostre Pere, ainsi que vos mal-heurs.

DOM IOVAN.

Il avoit tant vécu moy, j'aurois ses foiblesses;
Mon cœur ne produit point de semblables bassesses,
Pere, parens, amis, Maistresse, ny mal-heurs.
Ne pourront m'obliger à épandre des pleurs.

BRIGVELLE.

Vostre cœur est de roche, & la roche est moins dure,
En vous servant ie cherche une triste advanture.

DOM IOVAN.

Escoute donc, i'auray doublement irrité
La iustice, & ie crains si ie suis arresté,
Estant creu parricide, & meurtrier de Dom Pierre,
D'en estre mal-mené.

BRIGVELLE. L'on vous fera la guerre.

DOM IOVAN.

Nous serons poursuivis, changeons de vestemens.

BRIGVELLE.

Ah! Monsieur, tréve icy de vos déguisemens,
Pourquoy m'embarrasser en toutes vos affaires;
Ces choses à present sont fort peu necessaires,
Sauvons-nous seulement.

DOM IOVAN. I'approuve ton dessein,

Vien ça, qui vois tu-la ;

BRIGVELLE. Qui? c'est un Pelerin.

DOM IOVAN

Holà, hau, mon amy. LE PELLERIN.

Qui vient rompre mon somme?

BRIGVELLE.

Ce sont honnestes gens, ne crains rien, mon pauvre (homme,

DOM IOVAN.

Que fais tu dans ce lieu?

LE PELLERIN. Travaillé du chemin,

I'y respire en repos un air doux & benin.

DOM IOVAN.

De quel costé viens tu? BRIGVELLE.

De Saint Iacques sans doute,

Où vont les Pellerins. LE PELLERIN.

I'ay bien fait d'autres routes;

Il est peu de Saints Lieux, où ne m'ayent porté

Les plus ardens desirs de curiosité.

DOM IOVAN.

Briguelle, cét habit me seroit fort commode,

Pour n'estre pas connû.

BRIGVELLE. Pour éviter la mode,

C'est le meilleur moyen que vous puissiez trouver,

Avecque cet habit, il ne faut point resver,

Quels gallans on mettra pour estre à la moderne,

DOM IOVAN.

Tu m'étourdis tousiours de quelque baliverne.

Mon amy, i'ay besoin de cet habillement,

Pourrois-tu bien m'en faire un accommodement,

LE PELLERIN.

Cét habit là, Monsieur?

BRIGVELLE.

Qu'est ce qu'il luy propose?

LE PELLERIN.

Il m'est cher, & pour vous il est trop peu de chose,

Puis tout mon bien consiste en ce seul vestement,

DOM IOVAN.

Ie te rendray content donne le seulement.

LE PELLERIN.

Quoy ; Monsieur, voulez vous user de tyrannie;

DOM IOVAN.

Ah! donne-le te dis-ie

LE PELLERIN.

Ah! prenez donc ma vie.

DOM IOVAN

Dedans l'occasion tu n'es pas mal adroit
Dans ma bourse, tiens prend tout ce que tu voudras

BRIGVELLE.

Ce pauvre homme il faudra qu'il en passe le pas.

LE PELLERIN

Monsieur, iamais l'argent ne m'a donné d'envie,
Ie ne l'aimay iamais, & i'ay cette manie,
De vivre indifferent pour l'argent & pour l'or,
Et dedans cet habit ie voy tout mon tresor.

DOM IOVAN.

Sans plus me contester pense à me satisfaire,
Passe sous cét Ormeau évite ma colere.

LE PELLERIN

Monsieur considerez.

DOM IOVAN.

Tes cris sont superflus,
Si tu cheris ton bien, ne me resiste plus,
Viens, tu seras content, & toy fais diligence
Va promptement au port.

SCENE III.

BRIGVELLE, DOM PHILIPPE.

BRIGVELLE.

QV'il faut de patience,
Avec un pareil Sire, il n'importe, j'y suis.
Quand ie devrois tomber dans de plus grands ennuis

DOM PHILIPPE.

Accablé de douleur, & plein d'impatience

cherchant en tous lieux une iuste vengeance,
mon qui l'a produit assiste mon courroux.
que ie trouve un bien si charmant & si doux
ouve mon ennemy où l'objet de ma rage,
n que contre luy i'exerce mon courage,
e son sang respandu soulage mon tourment,
serve de victime à mon ressentiment,
is l'esclat sans pareil des beautez d'Amarille,
éclairant en tous lieux me rendra tout facile,
soleil penetrant iusques dedans nos cœurs,
sipant tout obstacle au gré de mes fureurs,
fera voir dans peu cét assassin infame,
i cause tant de maux & de trouble à mon ame,
us Ciel qui gouvernez le destin des humains,
ant iuste, livrez un coupable en mes mains,
faites que ces lieux par des langues secrettes,
apprennent quels endroicts me servent de retraites,
te faveur est deüe à mes travaux divers,
verrez vous sans fruict errer par l'Vnivers?
bien pour augmenter le tourment que i'endure,
ulez vous proteger un monstre de nature ;
! vous estes plus iuste, & vous guidez mes pas.
us tenez dans ma main sa peine, & mon trespas:
sans doute on verra ma fureur vengeresse.
ns peu, venger la Mere, le Pere & la Maistresse.

SCENE. IV.

DOM IOVAN, DOM PHILIPPE.

DOM IOVAN. *En habit de Pelerin.*

Dieux ! c'est mon ennemy, ce traistre m'aperçoit,
Briguelle a mon espée & que faire? il me voit

DOM PHILIPPE,

oyons ce Pellerin il peut m'oster de peine.
ut-estre qu'en ce lieu quelque bon heur l'amaine,
ur m'instruire où ie puis rencontrer l'assassin,
ur dessein est d'errer sans mesure, & sans fin,

Si bien qu'il pourroit bien avoir veu cét infame,
De qui ie dois dans peu couper l'injustice trame.

DOM IOVAN.

Il vient, changeons la voix il ne nous connoist pas,

DOM PHILIPPE.

Puis-ie interrompre icy la course de tes pas?
Sans te fascher amy.

DOM IOVAN. Monsieur, sans raillerie
Vous pouvez librement contenter vostre envie,
Que voulez vous de moy, demandez seulement,
Sans reserve i'attens vostre com mandement.

DOM PHILIPPE.

Ie te suis obligé, mais ce que ie desire,
Est de sçavoir de toy, si tu pourrois m'instruire,
Ie cherche un homme, enfin, tu n'en sçais pas le nom
A peu pres de mon âge, aussi de ma façon,
Vous autres qui courez tousiours la Terre & l'onde
Vous pouvez bien connoistre une part de ce monde,
Celuy dont ie te parle, a ma taille & mon port,
Mais le Ciel luy prepare un plus funeste sort.

DOM IOVAN.

Monsieur, si ie l'ay veu, ie n'en ay pas memoire.
Vous servant en cecy i'aurois beaucoup de gloire,
Ie voudrois le pouvoir, mais i'en suis hors d'estat.

DOM PHILIPPE.

Que ie suis mal heureux, que le Ciel est ingrat,
Quoy? verray-je tousiours mon attente trompée,
Ne point voir ce bourreau.

DOM IOVAN. Si i'avois mon espée
Tes insolens propos auroient leur châtiment
Ie previendrois ton soin.

DOM PHILIPPE. Ah! rigoureux tourment
Ne pouvoir rencontrer un barbare un perfide,
Dont les moindres forfaits sont plus qu'un parricide

DOM IOVAN.

Celuy que vous cherchez est donc bien odieux,

DOM PHILIPPE.

...est l'horreur de la terre & la haine des Cieux
...pour te faire voir combien il est horrible,
...traistre que ie cherche est un Demon visible,
...nt la main parricide a mis dans le tombeau,
...s gens dont il s'est fait l'execrable bourreau
...ar un fort nouveau furieux & contraire,
...fame a massacré iusqu'à son propre Pere,

DOM IOVAN.

...és tant de forfaits il doit estre puny.

DOM PHILIPPE

...s travaux pour l'avoir vont iusqu'à l'infiny,
...e se peut cacher les cris de l'innocence
...xposeront bien-tost aux traits de ma vengeance,
...e ie puis trouver il n'est point de tourmens,
...supplices de fers de feux de chastimens,
...i le fasse mourir d'une mort plus severe
...son enfer consiste aux feux de ma colere.

DOM IOVAN.

...viens de concevoir un asseuré moyen.

DOM PHILIPPE.

...u peux m'assister, dispose de mon bien.

DOM IOVAN.

...me suis rencontré dans de semblables peines,
...is, i'ay tousiours trouvé mes esperances vaines,
...qu'à ce que le Ciel implorant la bonté,
...'ay trouvé que bien & que felicité.
...resent quand ie souffre, au Ciel levant la veuë
...ens finir mes maux, ma peine diminuë,
...bien que i'ay connû qu'il faut prier les Cieux
...and on veut voir la fin d'un tourment furieux.

DOM PHILIPPE.

...sans tarder amy ie suivray ton exemple,
...m'abandonne point allons chercher un Temple.

DOM IOVAN.

...Temples sont par tout où les cœur sont devots

Faisons nostre priere au Ciel en peu de mots.
Dieu de qui la bonté nous paroist sans seconde
Veut estre reveré dans tous les lieux du monde.

DOM PHILIPPE.

Allons executer ce dessein glorieux. *à part*
Ie croy que c'est un Sainct, ah l'homme merveilleu[x]

DOM IOVAN.

Monsieur, que faites vous ? il faut quitter les arm[es]
Et pour forcer le Ciel il ne faut que des larmes.
Que ferveur, que sanglots, qu'ardeur, que pieté,
Et Dieu veut qu'on le prie avec humilité,
Autrement vous verriez vostre attente trompée.

DOM PHILIPPE.

C'estoit innocemment que i'avois mon espée,
Mais ie la vais quitter.

DOM IOVAN. *Prend l'espée de Dom Philippe.*

N'aye plus de Soucy,
Ton Ennemy mortel est maintenant icy,
Le voicy Dom Philippe, & sçachant ton envie,
S'il faisoit son devoir il t'osteroit la vie,
Il previendroit l'effect de ton ardent courroux,
Mais va, retire-toy, sauve-toy de mes coups.

DOM PHILIPPE.

Quoy traistre ! ô Ciel en qui i'ay mis ma confiance.

DOM IOVAN.

Profite du moment que i'ay de patience.

DOM PHILIPPE.

Quoy, Bourreau, ie te trouve & tu m'échapperas?

DOM IOVAN.

Que tu fais de pitié, qui ne te plaindroit pas.

DOM PHILIPPE.

Il faut que ses deux mains t'arrachent les entraill[es]
Et qu'en mourant ie fasse aussi tes funerailles.

DOM IOVAN.

Si tu m'irrites trop, tu mouras de ma main;

DOM PHILIPPE.

Crois-tu que l'on te craigne execrable assassin.
Toy qui des trahisons crois tirer advantage,
Et qu'on connoist par tout pour un cœur sans courage
Crois-tu qu'impunément tu vive criminel?
Toy qui trempe tes mains dans le sang paternel
Ta trahison me vient de ravir mon épée,
Mais il faut qu'à ta perte elle soit occupée.

DOM IOVAN.

Il faut donc que ta mort & sans retardement,
En previenne aujourd'huy le funeste moment:
Mais non, il faut encor souffrir ton insolence,
Ta langue est maintenant ta plus grande deffence,
Adieu, console toy, car c'estoit mon dessein,
D'avoir de toy ce fer, ayant l'espée en main.
Me voyant hors d'estat de l'avoir par addresse,
Par courage & valeur, ie l'ay par ma finesse,
Ie te laisse le iour, toy qui cherche ma mort,
Parce que ie te tiens trop peu pour cét effort,
Et si ie te croyois capable de me nuire,
Encor moins maintenant ie te voudrois détruire,
Afin d'avoir l'honneur de combatre avec toy,
Mais ton bras est trop peu pour un si grand employ.

SCENE V.

DOM PHILIPPE. *seul.*

EST-il rien sous le Ciel d'égal à ma misere?
Quand ie crois me vanger tout me deviẽt cõtraire
Lors que mon ennemy se livre entre mes mains,
L'injustice du sort les destins inhumains.
Comme si c'estoit peu de me voir miserable,
Joignant ce traict fatal au malheur qui m'accable,
Ah! Ciel si tu pretens que ie souffre ces maux
Mais au moins que i'expire au fort de mes travaux,

Car vivre & ne pouvoir assouvir sa vengeance,
Alors qu'on la desire, c'est par trop de souffrance;
Mais puis que mon mal m'est une necessité
Portons-le iusqu'au bout de la fatalité,
Marchons donc sur ses pas nous trouverons des armes
Dont nous dissiperons nos mal-heurs, & nos charmes.

ACTE IV.

SCENE PREMIERE.

AMARANTE, *seule.*

AMour, pourquoy viens-tu passer dans nos Forests?
Iusques icy j'estois exempte de tes traits;
Ie n'avois point souffert le joug de ton Empire,
Que partout iustement on appelle un Martyre,
I'ignorois ta puissance, & maintenant ie voy
Que tu contraint les cœurs de vivre sous ta Loy,
Tous les Bergers voisins viennent dans nos prairies
Faire cent ieux nouveaux, & cent galanteries,
L'un s'exerce à la course, & ses agiles pas,
Font voir que son poulmon ne le trahira pas,
Les autres en dansant s'empressent pour me prendre
Et s'efforcent par là de me faire comprendre,
Qu'Amour chez eux produit un mal contagieux,
Et que cela ne vient que d'avoir veu mes yeux,
Il m'offrent des boucquets, des guirlandes, des roses
Et sous ces beaux presens cachent beaucoup de choses
Mais, quand dans leurs amours ils devroient enrager
Ie ne veux avec eux courir aucun danger.
Ils disent qu'ils sont morts si ie n'y remedie.
Ie ne puis pas de tant guerir la maladie.
Celuy qui me plaira i'en feray mon Amant,
Et les autres pourront mourir dans leur tourment,

Ie recevray ses vœux, ses bouquets son hommage,
Et ie luy donneray la foy de mariage,
Mais à propos ie parle icy de marier,
Mes parens sont ils fous de me tant ennuyer?
Et me laissans pâtir dans l'amoureuse peine,
Ont-ils tous resolu de me garder pour graine?
Non, non, ie ne veux plus entendre leur leçon,
Et ie suivray la loy de ma propre raison,
Le premier qui viendra, pourveu qu'il puisse plaire,
Ma foy ie le prendray sans faire autre mystere,
I'en feray mon espoux, & les lairray causer,
Quant ie seray contente, ils pourront s'appaiser,
Il est temps ou iamais de me mettre en menage,
I'en ay veu de moins belle, moins vieille, & moins sage
Et dont l'œil tousiours gay de leur ravissement,
Témoigne bien quel est ce doux contentement.
Qui vivent à gogo, qui chacune ont leur homm
Et peut-estre iamais ie n'auray qu'un fantôme,
S'ils ont si peu de soin de m'avoir un époux,
Ie leur feray sentir l'effect de mon courroux,
I'abandonneray tout ie feray tel ravage,
Que les Loups aux Brebis, & le Chat au fromage,
Detruiront tout leur bien en un mesme moment,
Les feront detester des leur retardement:
Cependant allons voir nostre bonne voisine,
Pour me bien conseiller ie la trouve assez fine.

SCENE II.

DOM IOVAN. BRIGVELLE

Briguelle sur le port de la Mer sortant de faire naufrage.

BRIGVELLE.

AH! Trigault de Neptune aveeque tous ces flots,
Tu me fais plus de peur que picques & javelots,
Nargue de ta puissance & de l'onde salée,
De Thetis, Polémond, & de Monsieur Narée,

Si sur vos chiens de dos ie cours plus de danger,
Puissay-je estre englouty, puissay je submerger,
Qu'au lieu de vin vos eaux me servent de breuvage,
Et que ie sois tenu pour un valet peu sage,
I'ay pensé de la mort subir les tristes loix,
Ie l'ay veuë à mes yeux plus de cinquante fois,
Mon Dieu qu'elle est hideuse,& qu'elle est effroyable
Son vilain nez camus m'estoit insupportable,
Ie croy qu'elle est punaize.

DOM IOVAN.

Avec tes visions,
Tes paniques terreurs, & tes illusions,
Malgré ma froide humeur tu m'oblige à rire,
Mais, écoute craignons que le sort ne soit pire,
Profitons maintenant de nos malheurs passez,
Vivons plus saintement,

BRIGVELLE

Vos vœux soient exaucez
Bon, il craint qu'à la fin Atropos ne l'assomme,
O! Dieu pourroit il bien devenir honneste homme,
Mais ne parlons nous point l'un & l'autre en dormant
Car ie suis si surpris d'un pareil changement.

DOM IOVAN.

Vois-tu bien ; la Ieunesse est boüillante & peu sage,
I'ay profité, Briguelle en la peur du naufrage,
Ce n'est pas que ie craigne en l'estat ou ie suis,
De mourir ou de vivre en peine, & plein d'ennuis,
I'ay l'esprit assez fort pour surmonter l'injure
Que me peut preparer ma fortune future,
Ie me ris des destins ie ne crains point la mort,
Et ie brave en tout temps les caprices du sort,
Mais sçachant bien qu'il est un Monarque supréme,
Dont le pouvoir paroist quand le mal est extréme,
Et dont le foudre est prest à se monstrer aussi
Quand de se corriger on ne prend pas souci,
Ie crains de l'irriter, & ie crains sa colere,
Non de peur de mourir ; mais pour ne luy déplaire,

BRIGVELLE.

Si vous continuez vous allez estre Saint,
Est-ce vous Dom Iouan? dont l'esprit double & feint,
A tué, massacré, violé tant de Filles,
Et qui faisiez passer tout cela pour vetilles.

DOM IOVAN.

Non non ce n'est plus moy, i'ay d'autres sentimens,
Et ie te iurerois. BRIGVELLE.
Ah! Monsieur, sans sermens,
Ie connois dés long temps nostre façon de vivre;
Et puis pourquoy iurer alors que l'on est yvre?

DOM IOVAN.

Yvre, avons-nous rien pris? as-tu l'esprit perdu?

BRIGVELLE.

Nous n'avons pas mangé, mais nous avons bien beu,
Graces aux vagues, Monsieur, qui nous versoiét à boire,
Ie m'estonne comment vous estes sans memoire,

DOM IOVAN.

Ie t'entens, mais quittons ces discours superflus,
Le danger à paru, mais il ne paroist plus,
R'asseure tes esprits afin de rendre graces,
Au Ciel qui nous fait voir la Tempeste en bonasse.

BRIGVELLE.

Vostre pensée est bonne & vostre humeur aussi,
Et le temps qui fait tout sur vous a reussi,
Mais vostre plus grand mal estoit d'aimer les femmes
Et beaucoup d'autres maux parroissét dans vos flames,
Dites-moy pensez vous surmonter ce Demon;
Ou ce vice enragé?
DOM IOVAN. Briguelle tout de bon
Tu me vas voir mener une si saincte vie,
Que les plus saincts esprits en auront jalousie,
Et ceux qui veulent voir les vices abbatus,
Pourront en me voyant pratiquer les vertus,

BRIGVELLE.

Il faudra donc, Monsieur, que ceux là vous imitent,

Qui pour gagner le Ciel incessamment medite.

DOM IOVAN

Sur ce frelle Element où ie t'ay veu pâlir
I'ay veu la vague preste à nous ensevelir,
Et cela m'a paru comme une verge preste,
Ou comme des carreaux qui menaçoient ma teste,
Par là j'apprens qu'il faut que ie change aujourd'huy
Si ie ne me veux voir dans un mortel ennuy.

BRIGVELLE.

En effet vous pourriez devenir miserable,
Et puis qui jugeroit que quelque meschant Diable,
A la fin ne viendroit pour vous rompre le cou
Il est pour cét effet un Diable loup garou, !
Mais sortons de la Mer achevons le miracle,
Ce méchant element est un mauvais spectacle.
Nous avons assez veu les flots, souffert les vents,
Et nous avons assez laissé croistre nos dents,
Allons nous raffraichir dans quelque hostellerie.

SCENE III.

AMARANTE. MARILINDE. DOM IOVAN
BRIGVELLE.

AMARANTE.

ADieu, nous-nous verrons tantost dans la prairie

MARILINDE.

Souvenez-vous toufiours de vivre sagement.
Vous avez l'œil friant & remply d'agrément.
Mocquez vous de tous ceux qu'il a rendus malades
Et garantissez les des coups de vos œillades.
Ma fille on ne voit point de Berger en ces lieux,
Qui ne soit outragé du mal que font vos yeux.

DOM IOVAN.

Briguelle, voy-tu bien la gentille bergere?

BRIGVELLE.

Et bien que vous importe? Et qu'en voulez-vous faire,

Ne vous souvient-il plus?

DOM IOVAN. Où s'addressent tes pas?

AMARANTE.

Que vous importe-il?

DOM IOVAN. Ne t'effarouche pas.
I'aymerois mieux mourir que te mettre en colere.
Puis ton œil est trop beau pour estre si severe.

AMARANTE.

Monsieur, vous vous raillez, ie n'ay point de beauté.

BRIGVELLE.

A l'objet de la Fille, adieu la sainteté.
De moment en moment il change de visage,
Monsieur, vous sçavez bien ioüer des personnages,
Ie vous croyois tantost un Beatifié,
Mais de ce changement ie m'estois défié.

DOM IOVAN.

Laisse moy maintenant, que ta taille est mignonne.

BRIGVELLE.

Mais vous avez fait vœu.

DOM IOVAN. Ce coquin-là raisonne.

BRIGVELLE

N'aurois je pas bien dit qu'il étoit enragé,
Pourquoy suis-ie si sot de le croire changé.

AMARANTE.

Ah! Monsieur laissez moy.

DOM IOVAN. Seule dans la campagne,
Il faut que ie te suive & que ie t'acompagne.

AMARANTE.

Ie ne vais seulement qu'à ce prochain Hameau.

DOM IOVAN.

Il n'importe en t'aimant.

AMARANTE. Hola, Monsieur: tout beau,
Ne vous échauffez pas de peur d'estre malade.

DOM IOVAN.

Pour l'estre il me suffit de ta gentille œillade,
Assiste-moy, Bergere, & quitte ton courroux,

AMARANTE.

Vous n'estes pas pour moy, ie ne suis pas pour vous
Vous estes de la Cour, & ie suis de village,
On ne me peut avoir que par le mariage,
Quoy que pauvre, Monsieur, ie suis Fille d'honneur,
Et ie n'écoute point un discours suborneur.

DOM IOVAN.

Ah! mon dessein est juste, & si tu veux m'entendre,
Tu verras qu'avec-moy tu pourras tout pretendre,
Ouy, si tu veux m'aimer pas plus tard que demain,
Tu receveras ma foy, ma franchise & ma main,
Ne t'en estonne point, ton charme à la puissance
De renger un Monarque à ton obeyssance.

AMARANTE.

Quoy ? vous qui possedez tant de perfection,
Qui des Dames de Cour gaignez l'affection,
Voudriez vous bien de moy ?

DOM IOVAN.

Ouy puis que ie t'estime,

BRIGVELLE.

La pauvrette, il la tient, il en aura la disme,

DOM IOVAN.

Ie n'aime point la Cour, son faste & sa beauté
N'ont rien qui plaise au prix de ta simplicité,
Les Dames qu'on y voit n'ont ny charmes ny grace,
Que le plus foibles éclat de ta beauté n'efface,
Et puis celles qu'on croit avoir quelques appas,
Les em pruntent du far & n'en possedent pas,
Mais, ta beauté champestre est toute naturelle:
Et son brillant éclat ne l'emprunte que d'elle,
Enfin ie te prefere à l'objet le plus doux,
Et si tu veux dans peu ie feray ton Espoux.

AMARANTE.

Monsieur vostre discours est si remply de charmes,
Qu'il faut vous advoüer que ie vous rends les armes,
Mais, ne mabusez-pas, estant sous vostre loy.

DOM IOVAM.

Ie te promets dés l'heure, & te donne ma foy.

AMARANTE.

Me voyant mariée avec tant d'avantage,
Ie vais bien estonner tous les gens du Village.

DOM IOVAN.

Sans tarder en ces lieux, allons voir tes parens.

AMARANTE.

Allons, vous les allez charmer dans leurs vieux ans.

SCENE V.

BRIGVELLE *seul.*

Est il un plus grand fourbe; est-il un plus grand traistre?
Et ne suis-je pas fou de servir un tel maistre;
Ie tiens pour asseuré sa perte & mon mal heur,
Quelque Tragique fin suivra ce suborneur.
Qui ne l'eust pris tantôt pour un Saint, pour un Ange?
Il est Diable, il est Sainct, enfin c'est un meslange,
Où les plus raffinez se trouveront surpris,
Et sans doute il agit par les malins esprits,
Car autrement, comment est-ce qu'il pourroit faire?
Iurer à son valet de n'estre plus severe,
D'abandonner le vice, & vivre sagement,
Et faire le contraire en un mesme moment,
Que cette pauvre Fille est facile & legere,
Que ce sexe est fragile en l'amoureux mystere,
Telle qu'on croit rougir & s'armer de courroux,
Au moindre mot lâché de quelque rendez vous,
Se rendroit si l'Amant avoit autant d'adresse,
Que mon Maistre en pratique auprés d'une Maistresse,
Par le geste des yeux prevoyant son mal-heur,
I'ay fait ce que i'ay pû pour luy sauver l'honneur,

SCENE VI.

La dance des Nopces de Village.

BON-TEMPS, BLAISE, BERGERS, ET BERGERES.

BON-TEMPS. *Pere de la Bergere.*

BAisés vostre Mary, ne cachés point vos flammes,

BLAISE, *Espoux*

Allons, ie ne veux pas, qui moy baisser les Fẽmes,
Cela m'est deffendu, ie serois un peché,
Ah! Pere vicieux vous en estes taché.

BON-TEMPS.

C'est un ordre étably pour le bien de nature,
La Femme & le Mary le peuvent sans injure:
Baisés-vous, couple heureux, chastement assortis,
Vostre Mere a baisé,

BLAISE. Vous en avez menty,

BON-TAMPS.

Vostre Pere, mon fils.

BLAISE. A menty par sa gorge,
Ma Mere estoit pucelle, & mon bon Pere George
Ne l'eust iamais permis quand elle auroit voulu;
Ils estoient gens de bien, leur honneur est connu,
Quoy traistre de Beau pere, est-ce ainsi qu'õ m'affrõte
Ma mere est impudique & mon pere sans honte,
Tu me veux soûtenir, foux, qu'ils se sont baisés,
Il faut que tes deux bras par les miens soient brisés.

BON TEMPS.

Ah! balourde comment serois-tu dans le monde,
S'ils ne s'estoient baisés.

BLAISE. Va face rubiconde.
Traistre, Satan, Iuif, Turc, Pecheur, Fourbe sans Foy,
I'y suis, j'y suis venu mille fois mieux que toy.

BON-

BON-TEMPS

Ie veux un petit fils, ie reprens donc ma fille
Puisque tu ne veux pas accroistre ma famille,

BLAISE *appercevant Briguelle.*

L'accroisse qui voudra ie suis en grand danger
Pere femme, fuyons, cét Ours me veut manger.

BRIGVELLE. *survient.*

Le Coquin, le facquin

BLAISE. Ma femme est enlevée,
Au voleur, au voleur.

BRIGVELLE On prend la mariée,
C'est par ma foy mon Maistre, il a trouvé bien pire
Lors qu'il croit fuïr un ours, il rencontre un satyre.
Que ie suis mal heureux ie vois de tous costez
Que ce traistre persiste en ses méchancetez,
I'approche mon pays Ciel tout de bon ie jure
Que ie ne suivray plus ce monstre de nature,
Cette pauvre Bergere est doucette & bonasse?
Elle en tient, elle vient.

SCENE VII.

AMARANTE. BRIGVELLE,

AMARANTE.

AH! mal-heur, ah! disgrace,
Esprit traistre & mechant infame ravisseur
Qui n'eust donné creance à ton discours trompeur.
Le fourbe m'abandonne, aprés m'avoir trompée,
Mais n'es tu pas à luy ?

BRIGVELLE. Ouy, vous estes dupée,
Pauvre fille & comment ne compreniez-vous pas
Qu'il estoit homme à faire un vol sur vos appas,
Faloit il vous fier à ses cajolleries.

BRIGVELLE

Que les gens de la Cour sont pleins de tromperies,
Tu sçais qu'il me jura qu'il seroit mon époux.

BRIGVELLE.

Il en a dit autant à trente comme à vous,
Sans les autres qu'il a pris d'assaut, pour tout dire,
I'ay sçeu de luy leurs noms à l'entendre médire,
Car il faut que par tout ie luy sois complaisant.

AMARANTE.

Que me dis-tu bons-dieux il est donc médisant?

BRIGVELLE.

Médisant ah! vrayement il l'est ainsi qu'un diable.

AMARANTE.

Ah! mon mal-heur s'accroist, que ie suis miserable.

BRIGVELLE.

Ie vous les vais nommer dans son pays natal
L'aure, dont le bel œil au vostre estoit égal,
Dorinde, Clorianne, Amarante, Isabelle,
Selimene, Selye, & Lucresse & Marcelle,
Angelique, Lucelle, Aminthe, Amarilis.
Et celle dont on fit des chansons, c'est Philis,
Glodine la boiteuse & Catin la camuse
Qui se laissa duper comme une pauvre buse;
Iannette, Marion, Perrette, Ianneton,
Iacqueline, Margot, Peronnelle & Suzon,
Germaine violente, Anne, Fanchon, Gillette;
Benoiste, Marinette Argine & Guillemette,
Et celles que le temps m'oste du souvenir,
Sont dedans cette Liste, ah ie voy survenir
Mon Maistre.

SCENE VIII.

DOM IOVAN. BRIGVELLE. AMARANTE.

DOM IOVAN.

Sans tarder, partons d'icy, Briguelle.

BRIGVELLE. *luy montrant la Bergere.*

Ie ne le veux que trop mais, Monsieur?

DOM IOVAN.

Bagatelle,

Il est un bon logis à trente pas d'icy
Allons nous rafraischir, & n'aye autre soucy
Que de me suivre. AMARANTE.
Ah! Dieux le barbare, le traistre,
Ne me pas regarder, ainsi me méconnoistre,
Vous me fuyez ingrat, & m'emportez l'honneur.

BRIGUELLE.

Hé Monsieur rendez-luy, ne soyez point voleur,
Pourquoy l'emportez-vous à ceux qui n'en ont guere;

DOM IOVAN.

Que veut-elle de moy? que me veux-tu Bergere?
Qu'elle est tu, d'où vien tu, qui te met tout en pleurs,
Quel estrange accident te cause ces douleurs?

AMARANTE.

Quoy? pour comble de maux l'autheur de ma disgrace
Ne me veut plus connoistre, ose avoir cette audace.

DOM IOVAN.

T'a ton fait quelque mal ? ne me le celle pas.

AMARANTE.

Ah! vous le sçavez trop.

DOM IOVAN. Ie ne te connois pas.

AMARANTE.

Ne vous souvient-il plus! helas le puis-je dire?
Il faut que ie me tuë & que ie me déchire.

BRIGUELLE.

Qu oy ! faire la Lucresse.

AMARANTE.

Ah! sans me secourir
Donnez moy par ce fer le moyen de mourir.

DOM IOVAN.

Laisse-là maintenant, & qu'elle se console,
Adieu, retirez vous, vous estes une folle,
Vous n'y gagnerez pas si vous m'importunez,
Allez donc promptement & si vous revenez.

AMARANTE.

Le Ciel vous punira du tort que vous me faites,

DOM IOVAN.

Ie ne vous vis iamais, ie ne sçay qui vous estes.

AMARANTE

Bergere malheureuse, l'horreur de l'Vnivers,
Va cacher ta douleur aux plus creux des desers,
Que leur nuict rende office à toute la nature
Y cachant pour jamais cette triste adventure.

SCENE. IX.

BRIGVELLE. DOM IOVAN.

BRIGVELLE.

HE bien qu'en dites-vous ; vous croiray je iamais?
Quand ie verrois des feux pour me brusler tous
Quãd vôtre main levée auroit la foudre preste (prests
Pour me brizer le corps pour me rompre la teste,
Quand ie verrois des fers, des cordeaux, des prisons,
Ie ne me tairois pas ie dirois mes raisons.

DOM IOVAN.

Cela m'importe peu que mon vallet raisonne.

BRIGVELLE.

Mais par ma foy; Monsieur vous me la donniez bõne.
Quand vous iuriez tantost de vivre sainctement,
Vous aviez obvié qu'amour estoit charmant,
Ou bien vous ignoriez l'effect de sa puissance.

DOM IOVAN.

Le vice a sa saison comme la repentance.
Et selon que l'esprit se trouve embarrassé,
Il faut de iustes voeux ou des voeux d'insensé,
Ceux qu'on fait sur la Mer au fort de la tempeste,
Pendant le bruit des vents, quand le malheur s'appreste
Se peuvent violer ne nous obligent pas.
Car on n'est pas à soy dans la peur du trespas,
Et puis, ie me croyois ensevely sous l'onde,
Lors que ie renonçois aux choses de ce Monde.
I'avois perdu le goust, i'étois sans sentiment,
Et n'avois pour objet rien que le Monument,

Mais mon œil reprenant le bien de la lumiere,
Ie repreus aussi tost mon humeur coustumiere,
Et vivre sans gouster les plaisirs des vivants,
Ce n'est pas estre au monde au plus beau de ses ans;
Bref, si pour mes plaisirs i'avois quelqu'infortune,
Ie m'irois redonner au couroux de Neptune.

BRIGVELLE.

Toppe à tour, mais un iour vous serez attrapé,
Car le fourbe à la fin est luy mesme duppé.

DOM IOVAN.

Voyant le Tombeau de Dom Pierre dans le bois.

Laissons-là ces discours ? vois tu cette figure?

BRIGVELLE.

Ouy, Monsieur, i'en crains quelque mauvais augure.

DOM IOVAN.

Ah! grossier, aprochons & voyons ce que c'est.

BRIGEVLLE.

Ie n'en aprocheray que de loing, s'il vous plaist.

DOM IOVAN

Viens donc c'est un Tombeau, l'Epitaphe est icy,
Qui nous pourra tirer de peine, & de soucy.

EPITAPHE,

DE DOM PIERRE.

DOM IOVAN.

CY gist la Cendre venerée,
D'un qui merita des Autels,
Dont l'Ame avec les Immortels,
Sejourne dedans l'Empirée.
Dom Pierre, illustre Gouverneur,
Et la merveille de Sceville,
Iamais vivant n'eut plus d'honneur,
Et plus de gloire dans la Ville,

Passant, en apprenant la fin
D'un Homme de cette importance,
Apprens quel est son assassin,
Afin de prendre sa defence.
Dom Iouan l'horreur de la Terre,
Et le but du courroux des Cieux:
A d'un bras, digne du Tonnerre,
Détruit cet Homme Precieux.
Et pour ne l'en garentir pas,
Le Ciel a conclu sa ruine,
La Iustice Humaine, & Divine,
Ont fait l'Arrest de son trespas.

BRIGVELLE.

Vostre fortune est faite, allez où vous voudrez,
Mais cōment sommes-nous retournez dans leurs rets
Il faut que nous soyons bien proche de Sceville.

DOM IOVAN.

Il n'importe, en tout temps rien ne m'est difficile,
Et si ie vois le soir, me remettre en ces lieux,
C'est pour y surmonter des cœurs audacieux:
Croy-tu que dans le monde, il soit chose assez forte,
Pour oser attaquer un homme de ma sorte,
Toute Sceville est peu pour ce bras indompté,
Et ie ne suis non plus surpris, qu'espouvanté.

BRIGVELLE.

Ma foy, ie ne sçaurois vous déguiser ma crainte.
Ie trouve en l'Epitaphe une sensible atteinte.

DOM IOVAN.

En tout cas si ie vois qu'il me faille perir,
Ce bras, au moins Briguelle, en fera bien mourir,

BRIGVELLE.

La figure, Monsieur, m'a frappé d'une œillade.

DOM IOVAN.

Et puis que la frayeur te rend l'esprit malade,
Ie vais te delivrer de cet objet fâcheux,
La briser en morceaux,

BRIGVELLE. Vous estes boutadeux,
Pourquoy troubler les Morts dedans leurs Sepultures?

DOM IOVAN.

Tout au moins ie m'en vais rompre cette escriture.
Fantosme, donc les os sont dans ce Monument,
Viens te vanger toy mesme & sans retardement.

BRIGVELLE.

Fantosme, dont les os sont sous cette figure,
Tenez vous en repos dans cette Sepulture,
Ie vous prie humblement, Fantosme de vertu,
Ne croyez pas mon Maistre, il a l'esprit perdu.

DOM IOVAN.

Tu crois m'espouventer avecque ta menace.

BRIGVELLE

Et ne voyez vous pas, Monsieur, qu'il vous fait grace,
S'il vouloit se lever hors de ce Monument,
Il vous feroit mourir de frayeur seulement.

DOM IOVAN.

Esprit foible & craintif, quand l'Ame est retirée,
Enfin, lors que du corps elle s'est separée,
Croy tu qu'elle ait iamais soucy, ny souvenir
Du corps, où si long-temps on l'a veu se tenir?

BRIGVELLE.

Mais vous avez tué ce Mort qui veut vengeance.

DOM IOVAN.

Et tu croy que ce Mort doit prendre sa deffence?
Ce Mort est trop bien mort pour retourner iamais,
Et qui croit autrement sont des esprits mal faits.

BRIGVELLE.

Monsieur, ie n'entens point vostre Philosophie,
Mais ie crains les esprits & si ie m'en meffie.

DOM IOVAN.

Et bien s'il peut reprendre & sa forme & son corps,
S'il peut voir les Vivans estans du rang des Morts,
Va dit luy que demain il me fasse la grace
De manger avec moy.

BRIGVELLE. Que i'aye cette audace?
Moy, ie n'en feray rien vous y pouvez aller:
O Ciel! en est-il un qui puisse l'égaller.

DOM IOVAN.
Va donc le convier.

BRIGVELLE. Oüy, zest.

DOM IOVAN. Sur moy envie.

BRIGVELLE.
Dussiez vous m'assommer, & m'arracher la vie.

DOM IOVAN.
Va donc, ou ie m'en vay t'enterrer avec luy.

BRIGVELLE.
Si vous parlez de bon, ie suis mort aujourd'huy.

DOM IOVAN.
Sans plus me raisonner, pense à me satisfaire.

BRIGVELLE.
Mais.

DOM IOVAN.
Mais, sans plus de mais.

BRIGVELLE. Et bien, il le faut faire

A la Figure.

Fantosme, Esprit, Figure, ornement du trespas:
Bref, qui que vous soyez, ie ne vous connois pas,
Ie sçay bien qu'estant vif, vous estiez Gentil homme:
Mais ie croy qu'à present vous estes Esprit Fantosme,
Mais Esprit debonnaire, & Fantosme de bien;
Ie viens donc vous prier, mais vous n'en ferez rien:
De la part de mon Maistre homme qui vous estime,
Et quoy qu'il fasse, enfin a regret de son crime,
De vouloir avec luy prendre un mauvais repas.

BRIGVELLE. *Continuë.*

La Figure fait signe de la teste.

Ah! Monsieur.

DOM IOVAN.
Qu'est ce donc?

BRIGVELLE.
Ah! ie ne me sens pas,
La frayeur me possede.

DOM IOVAN. Et bien d'où naist ta crainte,

BRIGVELLE.

Ne l'avez-vous pas veu? ne faites point de feinte,

DOM IOVAN.

Et quoy qu'aurois-je veu BRIGVELLE.

La Figure.

DOM IOVAN Et comment?

BRIGVELLE.

Elle ma respondu par un grand mouvement,
Sa teste s'est baissée & cela nous asseure,
Qu'elle viendra chez nous.

DOM IOVAN Ah! le plaisant augure,
C'est la peur qui t'abuse en cette vision.

BRIGVELLE.

Vous mesme allez donc voir si c'est illusion.

DOM IOVAN

Ouy dà i'iray moy mesme & sans donner creance,
Au ridicule effet de ton extravagance.
Mais pour braver cét Ombre encor dans son Tõbeau,
Ombre ie te conjure.

La Figure fait de nouveau signe de la teste.

BRIGVELLE.

Il paroist de nouveau,

DOM IOVAN.

Ouy, viens ie t'attendray, cette chose est nouvelle,
Allons ie suis content suy moy, suy moy, Briguelle,

BRIGVELLE

Allons ie n'ay plus peur, ie reprens ma raison.
Car comment viendroit il, sans sçavoir la maison.

ACTE V.

SCENE PREMIERE.

DOM IOVAN, BRIGVELLE.

DOM IOVAN.

FAis mettre le couvert.

BRIGVELLE.

Ouy, Monsieur, tout à l'heure,
N'ayez peur que long temps sans manger ie demeure;
I'ay trop bon appetit, il y a trop long temps,
Que mon ventre aplâtit & que croissent mes dents,
Que ie m'en vois tantost manger de bon courage
Il me semble desia que ie tiens le potage.

DOM IOVAN.

Tu te devrois toujours tenir en cette humeur;
Car l'espoir est souvent plus doux que le bon-heur.

BRIGVELLE.

D'entendre vos discours, il est fort difficile,
Mais ie diray tousiours le manger est utile,
Le garçon va venir, Monsieur dans un moment,
Mais dites, dans ce lieu sommes-nous seurement?
Les Archers, Dom Philippe, estans prés de la ville,
Nous pourroient bien trouver; car la pauvre Amarille

DOM IOVAN.

Crois-tu que mon esprit puisse durer icy!
Non, non, ie suis exempt de crainte & de soucy,
Dés demain dans Sceville on verra mon visage,
I'ay bon cœur & bon bras, bon sens & bon courage,
Et tu verras tous ceux qui sont mes ennemis,
Craintifs à mon aspect, tout autant que sousmis,

BRIGVELLE.

Ie ne le verray pas, dans le peril vous suivre;

faudroit que ie fusse ignorant ou bien yvre.

DOM IOVAN.

ue ie suis mal-heureux d'avoir un tel poltron.

BRIGVELLE.

si i'estois pendu, Monsieur? qu'en diroit on,
on, ie demeureray dans cette hostellerie.

DOM IOVAN.

cuisine te plaist? BRIGVELLE.

Elle donne la vie.

Sceville aujourd'huy nous donneroit la mort.

DOM IOVAN.

est à toy de me suivre & suivre aussi mon sort,
ais d'ailleurs ma presence y sera necessaire
our connoistre le bien que m'a laissé mon Pere,
us main, ie vendray tout vignes, maisons vergers,
puis nous irons vivre aux pays estrangers,

BRIGVELLE.

ais ne parlons donc plus de Flandre & d'Allemãgne,
llons nous-en plustost au pays de Cocagne
n dit qu'il y fait bon, qu'on n'y manque de rien
ais le disner survient Monsieur traictons nous bien,
our moy ie me dispose à donner d'importance,
ur un gigot farcy qui doit remplir ma panse,
a saulce est faite à l'ail, & de bonne façon,
celuy qui l'a faite est habille garçon:
Que i'ay bon appetit, ah! l'objet delectable,
onfessez qu'il fait bon s'embarquer à la table,
h! Baccus tu vaut mieux que tes autres parens
es gouverneurs des flots qui nous rendoient mourans
lors qu'ils nous donnoient plus d'eau qu'on n'en peut
e ne sõt que des sots, & chacun le doit croire, (boire
a douce Exhalaison qui vient flater mon goust
a la mon nez, tout beau, laisons là ce ragoust.
Mon ventre un peu de tẽps vous aussi mes entrailles,
Quand mon Maistre aura fait, lors vous ferez ripailles,

le festin arrive.

Monsieur, i'ay veu tantost une ieune beauté
Qui vous eust pour un temps ravy la liberté;
Elle m'a demandé deux fois de vos nouvelles.

DOM IOVAN.

Ou? dy donc promptement.

BRIGVELLE. Mais elle est des plus belles.

DOM IOVAN.

Mais que ta t'elle dit Brigaelle contre moy.

BRIGVELLE.

Ouy-da i'ay trop de soif & de faim par ma foy,
Non, vous n'en sçaurez rien si ie ne suis à table.

DOM IOVAN.

Prend un siege & te sied.

BRIGVELLE. Vous estes sociable.
Cela me plaist.

DOM IOVAN.

Et bien.

BRIGVELLE. Ah! laissez-moy manger.

DOM IOVAN

Apprends-moy son logis si tu veux m'obliger.

BRIGVELLE.

Tout doux un peu de temps.

DOM IOVAN. Comme à t'elle la taille.

BRIGVELLE.

Grande.

DOM IOVAN.

Le teint.

BRIGVELLE.

Fort beau pour la douce bataille.

DOM IOVAN.

Le port, la main, les dents, les cheveux & les bras.

BRIGVELLE.

Vous m'en demandez bien tout revestus d'appas.

DOM IOVAN.

L'œil.

BRIGVELLE.

Tout à fait fripon entre doux & severe.

DOM IOVAN.

La bouche.

BRIGVELLE.

Elle est, elle est ; elle est fort bien pour plaire.

L'Ombre de Dom Pierre heurte à la porte.

entre-bleu qui va la ie crains l'écornifleur.

DOM IOVAN.

iguelle, ouvre au plustost, d'où provient ta frayeur.

SCENE II.

OMBRE DE DOM PIERRE, DOM IOVAN. BRIGVELLE

L'OMBRE, *Entrant dans la Maison.*

DOm Iouän, c'est ainsi que ie tiens ma parole
Et ie ne fis iamais de promesse frivolle.

DOM IOVAN.

ez toy, ie t'atendois.

BRIGVELLE. Me voila mantenant,
la mercy du Diable & de son Lieutenant.

DOM IOVAN.

ien que i'aye l'honneur de te servir ces viandes,
voudrois t'en pouvoir donner de plus friandes,
fin ie te voudrois traicter superbement,
is ie suis dans un lieu fort peu commodement
our te pouvoir donner ce que veut ton merite.

L'OMBRE.

'aye point en ce temps de desir hypocryte;
e raille point les Morts, & que leur triste aspect,
nprime dans ton cœur la crainte & le respect
ue les Funebres lieux où leurs Cendres reposent,
ttisant tes regards, le silence t'imposent,
ue ce funeste objet de leurs tristes lambeaux,
rrestent ces fureurs qui causent tant de maux,
t craignant à la fin de tomber en leur piege,
ye honneur pour ta main impie, & sacrilege,
ontente toy cruel que par un lasche effort,
ans ma propre maison tu ma donné la mort;
ans violer encor dessus ma Sepulture.
e dëuil & le respect que nous doit la Nature,
Tremble Barbare, tremble, & me voyant icy,

Sçache que la vengeance, est mon plus grand soucy,
C'est le mets que tu dois à mon Ombre irritée,
Et que me doit servir ta main ensanglantée,
Ouy, ton cœur criminel, sans Iustice & sans Loy,
Est le sanglant repas que je cherche pour toy,
Loing de te condamner, tu te plaist en tes crimes,
Et te voyant soüillé d'actes illegitimes,
Tu viens sur mon Tombeau encor braver mes os,
Enfin, en chaque lieu tu trouble mon repos,
Et je croy que ta rage ou plustost ta furie,
Voudroit pouvoir m'oster une seconde vie.
Que t'ay je fait, Tyran, n'es tu pas satisfait?
D'avoir veu de ma mort le déplorable effet;
N'es-tu pas satisfait du duëil de ma famille?
N'es-tu pas satisfait du tourment de ma Fille?
N'es-tu pas satisfait des coups de tes fureurs?
Veux-tu t'ensevelir dans de plus grands mal-heurs
Attens-tu que le Ciel jette dessus ta teste,
Les Foudres, que dés ja sa Iustice t'apreste;
Attens tu que la terre ouvre dessous tes pas
Vn gouffre épouventable, & fasse ton trespas?
Bref, que ce mesme Ciel pour affliger ton ame,
Te donne mille morts dans l'éternelle flame,
Et qu'alors qu'il te voit profaner les Tombeaux,
Il ne fasse le tien du ventre des Corbeaux,
Qu'il ne t'aneantisse, & que ton cœur superbe,
Soit foulé sous les pieds, cent fois plus bas que l'herbe
Qu'il ne te fasse enfin l'horreur de l'Vnivers,
Indigne seulement d'estre en pasture aux vers.

DOM IOVAN.

C'est trop, laissons cela j'attends ma destinée,
D'une ame resoluë, & non pas estonnée,
A ta santé.

L'OMBRE.

Poursuis, mais ne t'abuse pas,
Mom Ombre veut qu'icy l'on venge mon trépas
D'une façon ou d'autre, il faut me satisfaire,

Ta perte est dans ma main, évite une colere,
Qui surpasse l'esprit, & l'humain iugement.

DOM IOVAN

Que peux tu quand ta force est dans le Monument?
Tu parois ridicule en faisant le severe,
Et ton discours n'est bon qu'à troubler un vulgaire,
Tu demande de moy des satisfactions,
Va, ie ne fis iamais ces lasches actions,
Tu te dois souvenir que ce fer est l'excuse,
Que ie donne à celuy qui de crime m'accuse.

L'OMBRE.

Quoy, toy qui devant moy devrois baisser les yeux
Tu me fais souvenir de ton crime odieux,
Devrois tu pas trembler en voyant ma presence:
Moy, qui ne suis remply que d'un feu de vengeance.
Qui porte la fureur, & la haine avec moy,
Qui devrois dans ton cœur ne produire qu'effroy,
Insolent, orgueilleux, baisse, baisse la veuë,
Et qu'à mon triste aspect ta rage diminuë.

DOM IOVAN.

Ie verrois maintenant cent fantosme hurlans.
Dans ma chambre traisner mille drapeaux sanglans,
Pronõcer mes malheurs traisner des fers des chaines
Que mes yeux à les voir n'auroient aucunes peines,
Iuge si ton aspect me doit faire trembler.

L'OMBRE.

Songe à toy, Dom Ioüan,

DOM IOVAN.

Enfin c'est trop parler,
De crime, de mal-heurs & de mauvais augure.

L'OMBRE.

Tu dois servir d'horreur à toute la nature;
Execrable, & dans peu doit arriver ta fin.

BRIGVELLE.

Iustes Dieux!

DOM IOVAN.

Viens Briguelle, apporte nous du vin.

BRIGVELLE.

Il est proche de vous Monsieur.

DOM IOVAN. *Ayant du vin.*

Ame poltronne,
Si tu me fais lever, ah ! coquin tu t'estonne.
Mange,

BRIGVELLE.

Ie suis sans faim, puis ie suis demy mort,

DOM IOVAN

Chante donc.

BRIGVELLE.

Que ie chante à la fin de mon sort,
Ie ne suis pas un Cigne, & ie suis Catholique.

DOM IOVAN

L'impertinent poltron dans sa terreur panique.

L'OMBRE

C'est assez, Dom Ioüan, ie suis fort satisfait.
De la reception qu'aujourd'huy tu m'as fait;
Ie ne t'ay pas manqué i'ay tenu ma promesse,
Mais, te voyant remply de tant de hardiesse,
Ce soir, ie te convie à manger avec moy.

DOM IOVAN.

Et bien, ie m'y rendray tousious exempt d'effroy,
Où veux tu que ce soit?

L'OMBRE.

Dessus ma sepulture.

DOM IOVAN.

Ouy da tu m'y verras,

BRIGVELLE.

Monsieur, ie conjecture
Que vous devez perir dans ce lieu de mal heur,
Ie n'irois pas

DOM IOVAN.

Maraut.

BRIGVELLE.

C'est un Richard sans peur,
Et ie croy que ce diable encore le surpasse,
Mais, ô Dieux de frayeur, mon corps est tout de glace,
Dieu me vüeille exempter de cét esprit malin,
Toutesfois il s'en va ie le tiens fort benin.

L'OMBRE.

Adieu, tu sçais le temps, ne me fais pas attendre.

Ou ne me promets pas.

DOM IOVAN. Va tu m'y verras rendre,

Ie tiendray ma parole estant homme d'honneur.

SCENE III.

DOM IOVAN. BRIGVELLE.

DOM IOVAN.

Briguelle que fais-tu?

BRIGVELLE.

Ie r'asseure mon cœur

Et tasche à retenir mon ame qui s'envole,

Ah! Dieux ie suis sans poux, sans force, & sans parole.

DOM IOVAN.

Tu t'és épouventé. BRIGVELLE.

Qui ne le feroit pas?

Il faudroit qu'il fût diable, & diable du plus bas;

Des cachots de l'enfer où tous maux l'on endure.

DOM IOVAN.

Mange ie veux sortir.

BRIGVELLE.

Apres cette figure,

Ie ne veux pas manger ie deviendrois sorcier,

Puis chez moy l'appetit a perdu son mestier.

DOM IOVAN.

Viens donc, car aussi bien un souper magnifique,

Nous attendra ce soir.

BRIGVELLE.

Ah! le traistre heretique,

Sans doute il veut aller souper chez cét esprit,

Mais que boire & manger me puisse estre interdit

Si ie luy fais escorte & suy son fol caprice,

Mais ie suis seul icy fuyons c'est mon supplice.

F

SCENE IV.

LVCIE, AMARILLE.

LVCIE.

AMarille, il est temps de finir ces rigueurs,
D'arrester vos souspirs & de tarir vos pleurs,
Si le deüil qui vous suit, & vous ronge sans cesse;
Si vostre cœur tousiours plongé dans la tristesse,
Vous estoient des moyens de retrouver un iour
Celuy qui ne vit plus que dedans vostre amour,
Si vostre plainte enfin, vous rendroit vostre Pere,
I'approuverois icy vostre douleur amere,
Il faut vous consoler, il vit dedans des cœurs,
Où sa mort a causé de semblables douleurs,
Sceville en vous voyant en est dans des allarmes,
En vous voyant pleurer, elle jette des larmes,
Vous pouvez la tirer de son affliction,
Chacun sçait bien le cours de vostre passion,
On aime Dom Philippe, on l'honore, on l'estime,
On sçait qu'il est vaillant, genereux, magnanime,
Et l'on n'attend de vous que l'heure & le moment,
Pour faire vostre Espoux d'un homme si charmant,
Apres un triste sort, & tant de violence
Donnez-nous ce sujet d'ample réjoüissance.

AMARILLE.

Ie dépens maintenant de vostre authorité,
Et ne dois suivre en tout que vostre volonté.

LVCIE.

Dom Philippe en tous lieux cherche vostre vengeãce,
Il vous sert de bon cœur, comme sans repugnance,
Et vous devez donner à ce cœur genereux
Le iuste payement que meritent ses feux.

AMARILLE.

Si pour luy ie n'avois une amoureuse flâme
Si ses perfections n'avoient charmé mon ame,
Ie iure qu'à present sa generosité

Feroit un grand progrez dessus ma liberté;
Il semble que l'amour des vertus les plus belles,
De charmes nompareils, & de graces nouvelles,
Ait orné Dom Philippe, & que cét ornement,
Vient flatter ma douleur, & mon ressentiment,
Quand Dom Philippe enfin se presente à ma veuë,
Malgré mes déplaisirs ma perte diminuë,
La source de mes pleurs ne produit que des feux
Celles de mes douleurs des souspirs amoureux,
Mes sanglots à l'instant sont changez en delices,
Et mon bon-heur enfin succede à mes supplices.

LVCIE.

On dit qu'il est icy.

AMARILLE. Ie l'attens en ces lieux,
Ie n'ay pû m'en deffendre.

LVCIE. Vn homme officieux,
Comme il est obtient tout sur le cœur d'une Amante;
Mais joüissez du bien que l'amour vous presente
Possedez l'entretien d'un vertueux amant,
Et que rien ne vous trouble en ce contentement,
Nous nous verrons tantost, adieu ie me retire.

SCENE V.

DOM PHILIPPE, AMARILLE.

DOM PHILIPPE.

MAlheureux que je suis que luy pourray je dire,
Vous voyez devant vous un pauvre infortuné,
A vos dédains déja sans doute condamné;
Qui vient peut estre icy pour achever sa peine,
En voyant vostre amour n'estre plus rien que haine;
Il connoist son mal-heur, il sçait que devant vous,
Il ne merite plus qu'un furieux couroux,
Qu'il a manqué le coup que veut vostre vengeance;
Aussi dedans ces lieux il n'a pas l'insolence,
De paroistre à vos yeux en qualité d'amant,
Mais comme un criminel traisné par son tourment;

Qui ne peut rencontrer de plus rude souffrance,
Que de voir Amarille estre encor sans vengeance;
Vous sçavez bien comment l'injustice des Cieux
A mal récompensé mon zele officieux.

AMARILLE.

Vous n'estes pas tenu de faire l'impossible
Non vostre cœur est franc, & le mien est sensible,
Et ie reconnoistray vos soins par des faveurs,
Qui banniront de vous la peine & les douleurs.

DOM PHILIPPE.

Ah ! cessez ce discours est trop remply de charmes,
Vous avez oublié le mal-heur de mes armes;
Si ie viens m'exposer à vos divins appas,
C'est afin d'exciter & mon cœur & mon bras,
C'est qu'ils ont le pouvoir d'accroistre mon courage
De chasser mon mal heur & mon desavantage;
Ce sont des Dieux puissans à qui tout les mortels
Doivent incessamment eriger des Autels,
Ie viens les implorer ces divines puissances:
D'aider un mal heureux au fort de ses souffrances,
Ouy, ie rencontre en vous & mõ Temple & mes Dieux
Et puis que Dom Ioüan m'attire dans ces lieux,
I'ay crû que ie devois pour ne pas faire un crime,
Vous apporter mon cœur ainsi qu'une victime,
C'est-là ce que ie veux, & n'a pas merité
Que vous songiez encor à ma fidelité.

AMARILLE.

Quoy ! ce traistre est icy ?

DOM PHILIPPE. C'est sans doute Madame;
Et malgré le tourment que ma produit ma flâme
Ie n'aurois pas l'orgueil de paroistre à vos yeux
Sans vous avoir vangée.

AMARILLE. Ah ! s'il est en ces lieux
Il ne peut éviter ce qu'on doit à son crime,
Les Archers sont par tout, vous avez trop d'estime
Pour chercher à combattre avec un criminel.

Et puis ce vous seroit un tourment eternel,
Non, ils faut qu'un boureau l'immole à ma colere,
Et qu'on voye en public que ie vange mon Pere.

DOM PHILIPPE.

Ie veux biẽ qu'un boureau l'immole aux yeux de tous
Mais, c'est ma main qui doit le livrer à ces coups.

SCENE VI.

LE PREVOST. AMARILLE. DOM PHILIPPE ET DEUX ARCHERS.

LE PREVOST. *parlant à Dom Philippe.*

MOnsieur, ie vous cherchois; on vient de nous apprendre,
Qu'on a veu Dom Ioüan, nous allons pour le prendre,
On nous vient d'informer des lieux ou l'on la veu.

AMARILLE.

Enfin, vous voyez bien que le Ciel a pourveu,
A me donner secours au soin de ma vengeance.

DOM PHILIPPE,

les Archers s'en vont.

Dont sans perdre de temps, allez en diligence
Où vous sçavez qu'il est, ie vais suivre vos pas.

parlant à Amarille.

S'ils manquent en tout cas ie n'y manqueray pas,
Car ie sçay mieux qu'aucun le lieu qui le recelle.

AMARILLE.

Vous voulez qu'on vous doive une prise si belle,
Allons.

SCENE VII.

DOM IOVAN. BRIGVELLE.

BRIGVELLE.

C'Est tout de bon, nous allons en des lieux
Où, pour nous estriller des Diables furieux,
Ne nous feront rien voir que rage, que rancune,
On nous estouffera; Soleil, Estoilles, Lune,
Adieu donc pour iamais, ie vais dans des manoirs
Où nous ne verrons rien que des Demons tous noirs,

DOM IOVAN.

Qui t'intimide Sot, & que pouvons nous craindre,

BRIGVELLE

Ah! vous vous obstinez, pour m'achever de peindre,
Mais encore une fois, Monsieur, pensez y bien,
Nous n'en revidrons pas.

DOM IOVAN. Va, va, ie ne crains rien
I'ay veu ce qu'on peut voir Briguelle sur la terre,
Les Esprits forts, les Grands, les Sçavans, & la Guerre,
Il ne me reste plus dans mes pensers divers.
Qu'a voir si ie pouvois les Cieux, & les Enfers
Celuy que ie vais voir n'est plus dans ces matieres,
Qui souvent font obstacle aux plus belles lumieres,
C'est un esprit tout pur, & ie ne doute pas
Que l'esprit & le corps ne fassent un bon repas
Allons donc sans tarder l'occasion est belle,
Ie croy qu'il tient escelle aussi surnaturelle,
L'homme est lasche qui vit dans la stopidité,
On doit porter par tout sa curiosité.

BRIGVELLE.

Ah! vivre pour mourir, est une sotte vie.

DOM IOVAN.

Croy tu vivre toujours?

BRIGVELLE. Ce seroit mon envie,
Mais vous m'en ostez bien les moyens maintenant,

DOM IOVAN.

Ah! de tous les poltrons le plus impertinent.
Allons allons.

BRIGVELLE.

Le bon Dieu nous conduise,
Et ne permette pas que le Diable nous nuise.

BRIGVELLE *derriere la grotte*

Hélas ! c'est tout de bon il me tient au gosier,
Et ie suis maintenant souple comme un ozier.

La Grotte s'ouvre.

SCENE VIII.

L'OMBRE. DOM IOVAN. BRIGVELLE.

L'OMBRE.

Dom Ioüan p[illegible] ce siege & puis qu'aucune crainte
Ne trouble ton esprit, & que ton ame atteinte,
D'un penser orgueilleux addresse icy tes pas,

estant à Table.

Commence à profiter de ton dernier repas.

DOM IOVAN.

Commence à voir aussi que rien ne m'intimide,
Que ie suis mon caprice & que i'en fais mon guide,
Briguelle, viens icy.

BRIGVELLE.

Fermez vous bien mes yeux,
Soyons sourds, mon oreille, en ce lieu perilleux.

DOM IOVAN.

Quoy? tu ne viendras pas.

BRIGVELLE.

Ie ne suis pas si beste?
Car cét esprit malin m'écraseroit la teste,
I'attends en priant Dieu le moment de ma mort;

DOM IOVAN.

Quoy ? tu pense mourir ?

BRIGVELLE.

Ie le pense, & bien tost,
Ah! si Monsieur l'esprit vouloit sauver ma vie,
Qu'il me feroit de bien.

L'OMBRE.

Sçais tu bien quel genie.
Te conduit en ce lieu ?

DOM IOVAN. Quel qu'il soit, tu m'y vois;

L'OMBRE

Si le vice cessoit de te faire des Lois
Du coup qui va tomber tu te pourrois deffendre,
Et du foudre qui va mettre ton corps en cendre,
Dom Iouan, l'heure approche, que ton tragique sort
Doit vanger en ce lieu tant de morts par ta mort
Entends-moy prononcer ta sentence mortelle,
Et dispose aux tourmens ton ame criminelle,
Mange cependant mange & contente ton corps
Voila les mets qu'on mange à la table des morts,
Ne te rebute pas, s'ils ne sont delectables,
Ie donne ce que i'ay.

DOM IOVAN. Quand ce seroit des Diables
Tu me verrois manger.

DOM IOVAN *à son valet.*

Brigutelle? nous viendras-tu servir.

BRIGVELLE.

Ah! ie suis mort, il luy faut obeïr.

L'OMBRE.

Connois tu bien quel est l'ame de la Nature?
Celuy qui donne l'estre à toute creature,
Sçais-tu que sa vertu de moment en moment,
Rend la vie à ton corps comme le mouvement,
Que tu n'as de pouvoir qu'autãt qu'un Dieu t'en dõne
Et qu'on doit tout hommage à sa sainte personne.

DOM IOVAN.

Que me viens-tu prosner il n'est pas de saison,
De me catechiser i'aurois peu de raison,
Si ie ne connoissois l'autheur de toutes choses
Ie sçay bien que ses mains sons les premieres causes
Des ouvrages qu'on voit qu'on admire icy bas.

L'OMBRE

Sçais-tu bien qu'à present ce Dieu veut ton trépas.

DOM IOVAN

Il m'a donné l'esprit, l'ame la connoissance,

La force, la raison, le cœur, l'intelligence,
Et tout cela pour vaincre, & braver les destins
Et non pour affliger l'ouvrage de ses mains.

L'OMBRE.

Tu sçais bien que ton Pere est dans la sepulture,
Et que ton cœur rebelle aux loix de la nature,
A commis ce forfait, qu'il est dans le tombeau;
Et que ton bras en est l'execrable bourreau,
Tu te resouviens bien que ta brutale rage,
A remply ma maison de deüil & de carnage:
Que mes iours ont esté par toy precipitez
Et que rien n'est égal à tant de cruautez,
Tes crimes sont si grands, ils sont en si grand nombre
Qu'il n'ont pû se cacher dans la nuict la plus sombre,
Tu les connois assez ie n'en parleray plus
Aussi bien ce seroit des propos superflus;
Mais puis que tu connois la suprême puissance,
Tu dois sçavoir qu'elle est l'appuy de l'innocence,
Que l'Eternel est iuste & que ta cruauté
Va recevoir icy ce qu'elle a merité;
Toutesfois il n'est point d'ame si criminelle
Qu'un repentir ne mette à la gloire eternelle;
Si tu veux éviter des tourmens eternels,
Demande au Ciel pardon de tes faits criminels.

DOM IOVAN.

Ne parle point du Ciel, qu'il punisse, ou pardonne,
Ie ne me repens point, il n'est rien qui m'étonne,
Et quiconque a le cœur aussi bon que le mien,
Ne peut s'épouventer pour toy qui n'est qu'un rien.
M'oses tu proposer cette action infame,
Ie me repentirois pour prolonger ma trame;
Mon destin est escrit, mesme dés le berceau,
Et l'endroit est marqué qui sera mon tombeau:
Si ie voyois icy ma Sepulture ouverte,
Et qu'un sot repentir pût differer ma perte,
I'affronterois la mort, ie ne le ferois pas,

Et voila ce qui peut retarder mon trépas:
Ouy, ce fer armeroit ma main contre un Tonnerre,
Luy montrant son espée:
Si le Ciel m'attaquoit ie luy ferois la guerre,
Tout au moins ie mourrois dans cette volonté.

L'OMBRE.

Impie? ah malheureux?

DOM IOVAN.

Ton importunité
M'échauffe trop le sang, tay-toy.

L'OMBRE.

Quoy temeraire,
Tu n'apprehende point un chastiment severe?

DOM IOVAN.

Ainsi donc spectre affreux, tu traite un vivant,
D'injures, de menaces?

L'OMBRE.

C'en est trop insolent,
Ie t'ay traitté cent fois mieux que tu ne merite,

DOM IOVAN.

Ah! c'est trop endurer, depuis que tu m'irrites,
Aussi bien ce spectacle est trop injurieux,
Il faut que sans tarder i'en délivre mes yeux.

BRIGVELLE.

Monsieur l'Esprit ayez égard à l'innocence,
Ne perdez pas Briguelle.

L'OMBRE. *Prend Dom Iouan par la main*

Ah! c'est trop d'insolence,
Et c'est trop mépriser la Iustice & la Loy,
Barbare, sers d'exemples aux méchans comme toy,
Et que tout l'Vnivers de ton malheur extresme,
Sçache que qui vit mal aussi mour a de mesme.

Dom Iouan abisme, son valet demeure estourdy sur le Theatre du bruit du Tonnerre, la Grotte disparoist, & Briguelle ne sçait où il est.

SCENE IX.

LE PREVOST. LES ARCHERS. DOM PHILIPPE. BRIGVELLE.

BRIGVELLE.

AH ! laissez moy vivre au moins encor un an,

DOM PHILIPPE.

Archers prenez cét homme il est à Dom Ioüan,
Il le faut entraisner & sans doute le traistre
Nous instruira du lieu qui recelle son Maistre.

BRIGVELLE.

Esprits, ie vous coniure avec soûmission.
De me vouloir traitter avec compassion.

DOM PHILIPPE.

As tu perdu le sens qu'est ce que tu veux dire ?

BRIGVELLE.

Mon pauvre Maistre.

DOM PHILIPPE.

Et bien, mais souffrons qu'il respire,
Ie connois ce que c'est, ce pauvre malheureux,
Plaint son Maistre, & sans doute il faut qu'un sort fascheux
Ait prevenu nos soins, reconnois-moy Briguelle.

BRIGVELLE.

Ah ! Monsieur pardonnez à ma pauvre cervelle,
En quel lieu suis je helas ! il me vient d'arriver.
Ce qu'on n'a iamais veu, ce qu'on ne peut rêver ;
Mon Maistre est abîmé, ie sçay que pour son crime,
Contre luy vous avez un courroux legitime :
Mais il est bien puny, si donc quelque tourment
M'est ordonné ie veux l'endurer constamment.

DOM PHILIPPE.

On ne te fera rien, Briguelle, ie te jure,
Conte nous seulement cette triste adventure.

SCENE X.

AMARILLE, LVCIE, DOM PHILIPPE, BRIGVELLE LE PREVOST. LES ARCHERS.

DOM PHILIPPE.

Madame, ç'en est fait, le Ciel iudicieux,
A puny l'assassin.

AMARILLE. Grand Monarque des Cieux
L'homme qui s'endurcit, & se plaist dans le vice,
Esprouve tost ou tard l'effet de ta Iustice;
Comment le sçavez-vous? DOM PHILIPPE.
Nous avons rencontré
Ce Valet qui sembloit encor tout égaré,
Il nous a dit sa perte, & la chose est croyable,
Pour le pouvoir tenir encor plus veritable,
Il nous en va conter l'histoire en un moment,
Cependant vous pouvez appaiser mon tourment,
Quoy que pour un objet si charmant & si rare,
Mon merite soit peu.

LVCIE. La Ville se prepare,
A voir vostre Hymenée, il faut & promptement.
Luy donner, Amarille, un tel contentement.

LE PREVOST.

Madame, Ie sçay bien que tout un monde espere
De voir un iour si beau.

AMARILLE. Puis qu'à present mon Pere,
Est vengé plainement, allons ie suis à vous.

DOM PHILIPPE

A ce discours charmant que mon tourmẽt m'est doux,
Viens Briguelle, ie veux te prendre à mon service.

BRIGVELLE.

Le sort aux bons valets à la fin fait Iustice,
Ie recouvre un brave homme, & ie suis desormais,
Pour estre plus heureux que ie ne fus iamais,

FIN.

www.ingramcontent.com/pod-product-compliance
Lightning Source LLC
LaVergne TN
LVHW050541100826
845148LV00002B/646

9782012197510